GTB
GROSSDRUCK
BIBLIOTHEK
1354

PETER BAMM
(1897–1975)

Dr. med. Curt Emmrich, geboren in Sachsen, gestorben in Zollikon bei Zürich, war Schiffsarzt und Facharzt für Chirurgie in Berlin, im 2. Weltkrieg Stabsarzt an der Ostfront. Nach seinem ersten großen Erfolg mit seinen Kriegserinnerungen »Die unsichtbare Flagge« (1952) erschienen seine kulturhistorischen Werke »Frühe Stätten der Christenheit«, »An den Küsten des Lichts«, »Welten des Glaubens« und »Alexander oder die Verwandlung der Welt«, die zu Welterfolgen wurden. Sein Bestseller »Frühe Stätten der Christenheit«, 1955 erstmals veröffentlicht, ist das Ergebnis zweier Orientreisen, die ihn in den Jahren 1952 und 1953 in die Länder des östlichen Mittelmeers geführt haben. Die vorliegende Auswahl enthält seinen Reisebericht in den Vorderen Orient zu den biblischen Stätten »Zwischen Euphrat und Nil«.

In der lockeren Form eines Reiseberichts führt der Autor den Leser an die mehr als dreitausend Jahre zurückliegenden Anfänge der abendländischen Kultur und stellt den geistigen Raum dar, aus dem die drei großen Weltreligionen des Judentums, des Christentums und des Islam hervorgegangen sind. Die Gestalten des Alten und Neuen Testaments und der frühen christlichen Jahrhunderte werden lebendig und die Stätten ihres Wirkens sichtbar. In der Verschränkung vergangener und gegenwärtiger Wirklichkeit kommt es zu einer unmittelbaren Begegnung mit der Fülle der abendländischen Geschichte, die dazu herausfordert, aus der Substanz des christlichen Glaubens Antworten auf die Fragen der Zeit zu finden.

PETER BAMM

Reisen in das Land der Bibel

Eine Auswahl aus
»Frühe Stätten der Christenheit«

GÜTERSLOHER VERLAGSHAUS
GERD MOHN

Auswahl aus: Peter Bamm, Frühe Stätten der Christenheit
© 1955 by Kösel-Verlag GmbH & Co., München (15. Auflage, 1976)

Die auf Seite 2 genannten Tiel von Peter Bamm
»An den Küsten des Lichts« und »Die unsichtbare
Flagge« sind ebenfalls im Kösel-Verlag, München,
erschienen, weitere Ausgaben sowie die sämtlichen
Werke in der Taschenbuchreihe der Droemerschen
Verlagsanstalt Th. Knaur, München

CIP-Titelaufnahme der Deutschen Bibliothek

Bamm, Peter: Reisen in das Land der Bibel: e. Ausw. aus »Frühe Stätten
der Christenheit«/Peter Bamm. – Gütersloher Verl.- Haus Mohn, 1988
(Gütersloher Taschenbücher Siebenstern; 1354: GTB-Grossdruck-
Bibliothek)
ISBN 3-579-01354-8
NE: GT
Vw: Emmrich, Curt [Wirkl. Name] → Bamm, Peter

ISBN 3-579-01354-8

1. Auflage des Taschenbuches, 1988
Lizenzausgabe mit freundlicher Genehmigung des Kösel-Verlages,
München

Umschlagentwurf: Dieter Rehder, Aachen, unter Verwendung
eines Fotos (Jerusalem: Blick auf den Ölberg)
von Joachim Letsch, Stuttgart
Gesamtherstellung: Clausen & Bosse, Leck
Printed in Germany

Eine Stunde vor Sonnenuntergang. Ende November, fahre ich aus Homs nach Osten in die Wüste hinein. Homs ist ein kleines Landstädtchen am östlichen Rand des nördlichen Libanon. Es ist das alte Emesa, das in der Spätantike ein Mittelpunkt des syrischen Baalskultes war.

Mein Ziel ist Tadmor, eine Oase in der Syrischen Wüste, hundertundachtzig Kilometer östlich von Homs. Tadmor wird schon im 18. Jahrhundert vor Christi Geburt auf Inschriften erwähnt. Unter dem Namen Palmyra, die Palmenstadt, wurde es die blühende Hauptstadt des Reiches der Königin Zenobia. Noch heute wird Palmyra von den Arabern die Braut der Wüste genannt.

Palmyra wurde im Jahre 273 nach Christi Geburt vom Kaiser Aurelian zerstört. Was übrigblieb, ist, von Sand und Wind verweht, das größte uns bekannte Ruinenfeld einer späten hellenischen Stadt.

Man könnte von gut erhaltenen Ruinen sprechen. Seit der Zerstörung der Stadt ist auf ihrem Gebiet nicht wieder gebaut worden. Es gab niemand, der die Ruinen als Steinbruch hätte benutzen können. Palmyra war rings von der schweigenden Wüste umgeben. Nur einige Beduinen hausten in der Oase.

Im Jahre 1173, zur Zeit der Kreuzzüge, besuchte der

mittelalterliche Reisende Rabbi Benjamin von Tudela den Platz. Wir verdanken diesem gelehrten spanischen Juden zahlreiche wertvolle geschichtliche Informationen. Rabbi Benjamin fand in Palmyra eine kleine jüdische Kolonie. Dann geriet die Stätte vollständig in Vergessenheit. Am Ende des 17. Jahrhunderts wurde sie von einem englischen Arzt in Aleppo, Dr. William Halifax, wiederentdeckt.

Hundertundachtzig Kilometer sind für ein Auto in der Wüste keine Entfernung. Auf der Piste ist, wenn man Glück hat, diese Distanz leicht in zwei Stunden zurückzulegen. Hier gab es eine Art Straße. Sie hatte, zufolge des ständigen Windes, die Oberfläche eines Wellblechs bekommen. Die Streifen verliefen quer zur Fahrtrichtung. Es gibt dann zwar immer noch eine bestimmte Geschwindigkeit, etwa zwischen fünfundsechzig und fünfundsiebzig Stundenkilomtern, mit der man über das Wellblech hinweghuschen kann, aber dabei kann leicht eine Feder brechen. Das wollte mein Fahrer nicht riskieren. Wir hätten auch neben der Straße fahren können, zumal unterdessen der Vollmond, eine dicke, gelbrote Orange, über den Horizont heraufgestiegen war. Aber dabei kann man sehr beträchtlich vom Wege abkommen. Das wieder wollte ich nicht riskieren.

So fuhren wir Stunde um Stunde dahin in dem verzweifelten Tempo von zwanzig Kilometern. Der Fahrer klagte um seinen schönen Wagen. Ich versprach ihm etwas mehr Geld. Aber Geld hat in der

Wüste keinen rechten Klang. Nach zwei Stunden begegnete uns ein Lastwagen, ein gezähmter Dinosaurier in einer ungeheuren Staubwolke. Beide Fahrer gaben heftig und freudig Signal – ein fast menschlicher Laut.

Es fing an, empfindlich kalt zu werden. Mit dem steigenden Mond wurde das Licht weiß. Rechts und links des Weges, in einer Entfernung von acht bis zehn Kilometern, schwangen sich Hügelketten in silberner Einsamkeit am Horizont dahin.

Der ratternde Wagen, ein junger Syrer aus einem alten Volk, ein alter Franke aus einem jungen Volk in der menschenleeren Wüste, verloren in das funkelnde Universum – es war, als zögen wir durch die kalte, unheimliche Schönheit eines anderen Sterns dahin.

So ist seit Jahrtausenden der Mensch mit seinen Karawanen durch die Wüste gezogen von einem Ufer der Fruchtbarkeit zum anderen, durch das Sandmeer der Verlassenheit, der Einsamkeit, der Gefahr.

Die Wüste ist die eigentlich metaphysische Landschaft. Berge bringen Götterwelten hervor. In Wäldern hausen Trolle, Feen, Zwerge. Das Meer macht die Dämonen der Tiefe lebendig. Nichts dergleichen ist in der Wüste möglich. Weder Götter noch Geister, noch Dämonen können in der Leere der Wüste ein Dasein haben. Die Wüste ist die wahre Landschaft Gottes. Die Erleuchtung, daß die Welt von

Gott erschaffen sei, konnte dem Menschen nur in der Wüste zuteil werden. In der Wüste ist sie ihm zuteil geworden.

Es ist die Wüste, durch welche Abraham von Haran in Mesopotamien nach Kanaan gezogen ist. Es ist die Wüste, in welcher der Berg des Gesetzes aufragt. Es ist die Wüste, durch welche die Heilige Familie vor dem Zorn des Königs Herodes nach Ägypten geflohen ist.

Die Karawanen brachten die Kostbarkeiten Indiens und Chinas nach dem Westen und die Kostbarkeiten der kunstverständigen Völker des Mittelmeers nach dem Osten.

Wichtiger als die Kostbarkeiten, die der Welthandel von fernen Völkern zu fernen Völkern brachte, war die schwerelose Fracht der Karawanen, die Fracht der Ideen.

Durch die Syrische Wüste ist der Mönch Olopön nach Osten gezogen, um in China das Christentum zu verbreiten. Um die gleiche Zeit ist aus dem Osten Kunde vom Prinzen Gautama Buddha bis in ein einsames Kloster am Toten Meer gedrungen.

Im Kloster St. Sabas, das südöstlich von Jerusalem liegt, hat ein Mönch namens Johannes die Lebensgeschichte des indischen Prinzen Josafat aufgezeichnet. Dieser Prinz ist von der Kirche heiliggesprochen worden.

Die Kunde vom Leben des Prinzen Josafat muß der Mönch Johannes aus Indien gehabt haben. Wie die

Gelehrten feststellen konnten, stimmt die Geschichte, die der Mönch Johannes erzählt, in allen Einzelheiten mit der Geschichte des Lebens Buddhas überein.

Daß ein Prinz, der die Liebe zu aller Kreatur gelehrt und ein Leben der Gnade geführt hat, nur ein Christ sein könne, war für den Mönch am Toten Meer selbstverständlich. So ist, als eine bezaubernde historische Arabeske, zufolge der Frömmigkeit eines gelehrten Mönches, wenn auch nicht Buddha selbst, so doch der Geist seiner Lehre heiliggesprochen worden.

Unterdessen mußten wir nach meinen Kilometerberechnungen eigentlich in Palmyra sein. Aber da wir die Straße der Wellblechoberfläche schließlich doch verlassen hatten, konnten wir uns um einige Winkelgrade in der Richtung geirrt haben. Es war zehn Uhr abends geworden.

Ein Licht taucht auf. Ein Licht in der Wüste! Ein kleines, freundliches, rötliches Licht! Es kommt aus einem Zelt. Jemand kommt gelaufen. Es ist ein Sergeant der syrischen Armee, ein großer, kräftiger Mann von dreißig Jahren mit dickem, etwas wirrem schwarzen Haar und dem offenen Gesicht, wie einfache Soldaten es haben. Er strahlt vor Entzücken darüber, daß Menschen vorbeikommen. Er lädt uns ein, sein Zelt zu betreten. Eine kräftige Herzlichkeit geht von ihm aus. Irgendwann hat er bei den Franzosen gedient. Er spricht ein gutes Französisch.

Wenn ein Araber in der Wüste einen Fremdling in sein Zelt einlädt, erwirbt der Fremde in einem Augenblick die Privilegien einer jahrtausendealten Tradition, der Tradition der Gastfreundschaft der Wüste. Darin hat Karl May die Beduinen richtig geschildert. In der Wüste ist der Mensch des Menschen Feind, oder er ist sein Bruder.

Der Gruß, mit dem der Sergeant den Franken mitten in der Nacht auffordert, Platz zu nehmen, ist ein Exempel für den Zauber der arabischen Sprache. Der Sergeant lädt mich ein mit den Worten: »Meine Hütte ist arm und schmutzig. So sitze nieder im Glanz meiner Augen.«

Die Araber haben ein Sprichwort, daß Allah beim Menschen drei Dinge zur Vollendung habe gelangen lassen – die Hand des Chinesen, das Hirn des Franken, die Zunge des Arabers.

Für den Franken schiebt der gastfreundliche Mann noch eine Kiste herein, die er sorgfältig mit seinem Lammfellmantel bedeckt. Hätte man uns doch in unserer Jugend, statt uns Kniebeugen üben zu lassen, gelehrt, auf der Erde zu sitzen! Wie wir uns da niederlassen, ist es das köstliche Gefühl, Anker zu werfen im uralten Hafen der Brüderlichkeit.

Es läßt sich bei diesem Syrer, einem Mann aus einem so alten Volk, einem Volk zwischen den Völkern, nicht entscheiden, ob die Brüderlichkeit auf den Erzvater der Juden, den indischen Prinzen oder den arabischen Propheten zurückgeht. Unter diesem Zelt wohnen Abraham, Buddha und Mohammed friedlich beieinander. Der treffliche Mann macht sich sogleich daran, Mokka zu bereiten. Nach so vielen Stunden Staubes schmeckt er herrlich. Liebenswürdige Redensarten werden getauscht. Wir genießen zwischen Vergangenheit und Zukunft einen glücklichen Augenblick. Kain hat nie gelebt.

Ich kann meinen Gastgeber durch ein Geschenk erfreuen, das in der Wüste wertvoll ist. Es ist die Gabe des Prometheus, eine Schachtel Zündhölzer. Nach einem heiteren Palaver nehmen wir Abschied unter dem silbernen Mond der Wüste. Der Sergeant weist uns noch den Weg. Wir geben uns die Hand. Niemals werden wir einander vergessen.

Zehn Minuten später fahren wir, entlang der Säulenkolonnade des Grand Boulevard von Palmyra, an dem mächtigen Sonnentempel vorbei. Der Marmor leuchtet gespenstisch weiß. Endlich landen wir wohlbehalten im kleinen Wüstenhotel »Zur Königin Zenobia«. –

Wüste und Ackerland, Beduine und Bauer, dieser Gegensatz beherrscht seit grauer Vorzeit die Geschichte des Landes. Seit siebentausend Jahren wird in Syrien der niemals endende Kampf zwischen den schweifenden Nomaden und den seßhaften Bauern geführt. Unter guten Regierungen wird der Wüste Acker abgewonnen. In Zeiten der Anarchie begräbt der Wind den Fleiß des Bauern unter dem Sand. Nicht immer haben die fremden Eroberer schlecht regiert. Unter den Pharaonen, unter den römischen Kaisern, unter den Kalifen hat das Land lange Zeiten des Friedens und der Blüte erlebt. Syrien, das von so vielen fremden Herrschern regiert worden ist, ist der Welt auch diese Herrscher nicht schuldig geblieben.

Um das Jahr 200 nach Christi Geburt gibt es auf dem römischen Kaiserthron eine syrische Dynastie. Die Gründerin der Dynastie war die Kaiserin Julia Domna. Sie stammte aus Homs, von wo ich am Nachmittag weggefahren bin. Sie heiratete den Septimius Severus, den kommandierenden General der Syrischen Legion. Im Jahre 193 bestieg Septimius Severus den Thron. Er war der einzige römische Kaiser, der aus Afrika gebürtig war. Er hat, ein Trost für alle Sextaner der Weltgeschichte, sein Leben lang nie richtig Latein gelernt.

Julia Domna war eine der schönen Frauen der Weltgeschichte. Ihre Münzen und Portraitsbüsten zeigen es. Sie war auch eine der unglücklichsten. Caracalla, der Sohn der Julia Domna, ermordete, um seine grausame Herrschaft antreten zu können, seinen Bruter Geta in den Armen seiner Mutter. Bei diesem Attentat durchbohrte Caracalla mit seinem Dolch die Hand seiner Mutter, die ihren Sohn Geta zu schützen versuchte. Gibbon, der englische Historiker des Römischen Reiches, hat zu diesem Verbrechen bemerkt, daß Julia Domna dazu verdammt war, den Tod des einen Sohnes ebenso beweinen zu müssen wie das Leben des anderen.

Zu dieser Dynastie gehört Heliogabal, der mit dreizehn Jahren das Amt des Hohenpriesters Baals in Emesa geerbt hatte und mit vierzehn Jahren den römischen Kaiserthron bestieg. Nach einer dreijährigen prunkvollen Regierung, deren orientalische Ausschweifungen selbst den Römern zuviel geworden waren, wurde er ermordet.

Zwanzig Jahre später sitzt wiederum ein Syrer auf dem römischen Kaiserthron. Es ist Philipp der Araber. Der römische Kaiser, der das Fest des tausendjährigen Bestehens der Stadt Rom zu feiern hatte, war, ein Witz der Weltgeschichte, ein Araber, dem für seine Siege an der Donau der Titel Germanicus Maximus verliehen worden war. Die Spätantike war eine Welt ohne Vorurteile.

Vom 4. bis zum Anfang des 7. Jahrhunderts war Syrien ein christliches Land. So hat dieses erstaunliche Volk auch auf den byzantischen Thron einen großen Herrscher entsandt, den Kaiser Heraklios von Byzanz. Er stammte aus Edessa. Wie Antiochia ein geistiges Zentrum des griechischen Christentums, so war Edessa das geistige Zentrum des syrischen Christentums. Heraklios stellte die vom Perserkönig Chosroes zerstörte Grabeskirche in Jerusalem wieder her. Als Heraklios am 14. September des Jahres 629 das wahre Kreuz Christi in Jerusalem wiederaufrichtete, jubelte die Christenheit. Dieser 14. September wird noch heute als Feiertag begangen.

Der Syrer Heraklios unternahm noch einmal einen

Versuch, den die Christenheit verheerenden Streit über die Frage, ob Christus eine oder zwei Naturen habe, durch die Lehre des Monotheletismus zu entscheiden. Nach dieser Lehre hat Christus nur einen Willen.

Aber die Schlacht von Yarmuk stand bevor. Syrien sollte arabisch werden. Mit jeder neuen Eroberung hat der politische Blickwinkel Syriens gewechselt. Er hat die Windrose durchwandert über alle Horizonte hin. So ist es ein weltoffener Blick geworden.

Dreimal hat dieses Land seine Sprache gewechselt. Bis zu Alexander dem Großen wurde in Syrien Aramäisch gesprochen. Von da an bis zur Eroberung durch den Islam war die führende Sprache Griechisch. Dann wurde Arabisch die Sprache des Landes. Sie ist es bis heute geblieben. Das alte Syrisch, ein Abkömmling des Aramäischen, ist in der Liturgie der syrischen Kirche erhalten geblieben. Syrische Übersetzungen der Bibel gibt es schon in sehr früher Zeit.

Was für ein Land! Was für ein Volk!

Bei Sonnenaufgang betrete ich das weite Feld der Ruinen von Palmyra. Die Säulenkolonade der Hauptstraße ist erhalten. Sie führt mitten durch das Ruinenfeld hindurch, vorbei an dem Amphitheater, das gerade aus dem Sand gegraben wird. Durch den Triumphbogen am Eingang des Grand Boulevard sieht man das nackte Wüstengebirge liegen, das Palmyra gegen Norden schützt. Auf einer seiner Spitzen blitzen in der Sonne die Zinnen einer aus dem Mittelalter stammenden türkischen Festung. Steil und drohend ragt das Kastell in den Himmel. Auf der anderen Seite, nach der Ebene zu, liegt der mächtige Sonnentempel, von dem sogar noch Teile des Daches erhalten sind. Ein großes Portal führt auf einen Hof, ein gewaltiges Trümmerfeld. Die Farbe des Steins ist ein leuchtendes, rötliches Gelb. Die Konturen des Tempels zeichnen sich mit äußerster Feinheit gegen den Himmel ab. Ein paar schwarz gekleidete Beduinenfrauen mit Wasserkrügen auf dem Kopf schreiten dahin wie eh und je. Hinter dem Sonnentempel erstrecken sich Wälder von Dattelpalmen.

Dann beginnt mit einem scharfen Schnitt sogleich wieder die Wüste. Viele Stunden wandere ich durch die Ruinen zu den merkwürdigen Steintürmen in den Seitentälern, den Türmen des Schweigens, in denen die Toten in vielen Stockwerken übereinander bestattet wurden.

Die Stadt hat mehr als hunderttausend Einwohner gehabt. Wie konnte eine solche Großstadt mit ihrem Luxus, ihrer Pracht und ihrem Reichtum mitten in der Wüste entstehen?

Es ist reichlich Wasser da. Wasser in der Wüste bedeutet quellende Fruchtbarkeit. Das war der eine Reichtum. Der zweite Reichtum war der Handel.

Die Karawanenstraße von Osten nach Westen hat

im Lauf der Zeit einige Male ihre Trasse gewechselt. Viele hundert Jahre lang ging sie über Petra, die Felsenstadt im Süden Jerusalems. Dann ging der gesamte Handel zwischen Osten und Westen ebenso lange über Palmyra.

Die Stadt ist so etwas wie ein Hafen in der Wüste gewesen. Der Reichtum Palmyras war der Reichtum einer Hafenstadt. Politisch lebte Palmyra von der Eifersucht seiner großen Nachbarn, von der Spannung zwischen dem Römischen Reich und dem von den Römern nie besiegten Reich der Parther jenseits des Euphrat. Unter der letzten Herrscherin, der Königin Zenobia, hatte sich das palmyrenische Reich über ganz Syrien und Mesopotamien bis nach Ägypten ausgedehnt. Zenobia war eine bedeutende Frau. Sie sprach Arabisch, Griechisch und Aramäisch. Sie schrieb eine Geschichte des Ostens. Griechische Philosophen wurden an ihrem Hofe geehrt. Auch sie muß, nach den erhaltenen Münzen, eine schöne Frau gewesen sein.

Königin Zenobia wurde vom Kaiser Aurelian besiegt. Sie floh auf einem Kamel durch die Wüste nach Osten, wurde aber mitten in der Nacht, bei dem Versuch, über den Euphrat zu entkommen, gefangengenommen. Im Glanz ihrer Edelsteine und Perlen schmückte sie den Triumphzug des Siegers in Rom. Doch war der Kaiser durchaus chevaleresk zu seiner schönen Feindin. Er schenkte ihr eine Villa bei Tivoli in der Nähe Roms. In dem üppigen Park dieser Villa in Tivoli hat die Königin Zenobia von Palmyra noch lange Jahre von der kargen und erhabenen Schönheit der Wüste geträumt.

Wie ein Meteor über den Himmel zieht, so hat der Glanz Palmyras für kurze Jahrhunderte in der Wüste geleuchtet. Solcher Plätze hat es in diesem unwahrscheinlichen Syrien viele gegeben. Die meisten sind vom Erdboden verschwunden. Allmählich erst bringt der Spaten der Archäologen sie wieder ans Licht.

Die zahlreichen in Palmyra erhalten gebliebenen Fresken bilden die kunsthistorische Brücke zwischen der altsemitischen Kunst Syriens und den Anfängen der christlichen Kunst. In der am Euphrat gelegenen Festung Dura Europos, der Grenzfestung des palmyrenischen Reiches gegen Osten, ist eine sehr frühe Kirche ausgegraben worden. Sie stammt aus dem Jahre 232 nach Christi Geburt. In ihr sind einige Gemälde erhalten geblieben, darunter eine Darstellung Adams und Evas. Wenige hundert Meter neben dieser christlichen Kirche in Dura Europos stand eine Synagoge aus etwa der gleichen Zeit. Sie enthielt die frühesten uns bekannten bildlichen Darstellungen, Fresken mit Themen aus der Biblischen Geschichte. Sie befinden sich heute im Museum in Damaskus.

Palmyra, die Braut der Wüste, hat, dank der Gunst der Umstände, von der Glorie ihrer goldenen Tage einen letzten Glanz auf Erden zurückgelassen. Die

Schönheit der alten Bauten in der leuchtenden Sonne
Syriens preist das Genie und die Tapferkeit des Menschen unter dem erhabenen Horizont der Wüste,
welche die Schönheit der Schöpfung preist.

IM SCHATTEN DES LIBANON

Die Zeder vom Libanon ist ein berühmter Baum des
Altertums, Geschichte gewordene Botanik wie der
Weinstock Noahs und der Ölbaum der Athene. Ihrer
Schönheit und Seltenheit wegen ist die Zeder, ein im-
mergrüner Baum, seit alters ein Symbol des Glücks.
Im 92. Psalm heißt es: »Der Gerechte wird grünen
wie ein Palmbaum; er wird wachsen wie eine Zeder
vom Libanon.«
Der Tempel Salomos, dessen Pracht die Bibel schildert, war verschwenderisch mit dem Holz der Zeder
ausgestattet. Der Ruhm des Tempels Salomos ist
dreitausend Jahre alt. Der Ruhm der Zeder ist
älter.
König Salomo hat von 972 bis 932 v. Chr. regiert.
Schon eineinhalbtausend Jahre früher schmückte
Pharao Snefru die Tempel und Paläste seines Reiches
mit dem Holz der Zeder vom Libanon. Wir wissen
das aus einer Hieroglypheninschrift aus dem Jahre

2750 vor Christi Geburt. Sie ist zugleich die früheste Nachricht von einer Verbindung des Alten Reiches der Ägypter mit Syrien. Die Zedern für Pharao Snefru kamen aus Gubla an der phönizischen Küste. Dieser Ort hieß später und heißt noch heute Byblos. Vom Namen der Stadt Byblos stammt das deutsche Wort Bibel.

Während einer langen Periode der Geschichte waren die Masten der Schiffe auf dem Mittelmeer, von der Küste Phöniziens bis zu den Säulen des Herkules am Atlantischen Ozean, Zedern vom Libanon. Und immer noch fährt die Zeder zur See. Die vor wenigen Jahren wiedererrichtete Republik Libanon führt in ihrer Flagge die Zeder – das friedfertige Symbol eines Staates, dessen Volk zugleich eine der jüngsten und eine der ältesten Nationen der Welt ist.

Die dichten Zedernwälder, mit denen im Altertum der Libanon bedeckt war, sind verschwunden. Nur an einer einzigen Stelle ist eine Gruppe der alten Bäume erhalten geblieben.

Das Libanongebirge erstreckt sich als durchgehender Gebirgszug die phönizische Küste entlang. Es beginnt im Norden querab Zypern und endet im Süden an der nördlichen Grenze des Staates Israel. Der Gebirgszug ist etwa dreihundert Kilometer lang. In seine Flanken sind tiefe Täler eingeschnitten. Die Flüsse auf der Westseite führen das ganze Jahr hindurch Wasser. In seinem nördlichen Teil steigt der Gebirgskamm bis zu einer Höhe von dreitausend Metern an.

Östlich des Libanon liegt die gut bewässerte und fruchtbare Hochebene von el-Bika, im Altertum Coelesyria genannt. Auf el-Bika, an der Quelle des Orontes, steht die gewaltige Ruine des Sonnentempels von Baalbek. Östlich von el-Bika, parallel zum Libanon, verläuft der Antilibanon. Er endet im Süden im Berge Hermon, auf dem der Jordan entspringt. Vom Gipfel des Hermon sieht man den See Genezareth liegen. Der Antilibanon ist die Westgrenze der Syrischen Wüste.

Die Zedern zu besuchen, fuhr ich eines Morgens von Beirut in nördlicher Richtung die Küste hinauf. Die kunstvoll und gut gebaute, wenn auch schmale Straße führt am Meer entlang. Rechter Hand über dem Libanon steigt die Sonne herauf. Sie erwärmt langsam die frische Morgenluft. Linker Hand blicke ich auf das Meer hinaus. Es ist von einer leichten Brise mit heiteren Schaumkrönchen geschmückt. Ein paar von Möwen begleitete Fischerboote sind unterwegs. Ein weißer Dampfer steuert mit dicker Rauchfahne und guter Fahrt den Hafen von Beirut an.

Der Streifen, den die Natur zwischen Gebirge und Meer dem Menschen belassen hat, ist schmal. Zuweilen öffnet sich dem Blick ein Tal. Das Klima ist, da der Libanon die kalten Winde aus Norden und Osten abwehrt, fast subtropisch. Oliven, Wein und

Feigen wachsen in Fülle. Felder wechseln mit dichten, schattig kühlen Orangenhainen ab. Die Früchte leuchten gelb und verführerisch aus dem satten Grün. Sie sind reif zur Ernte.

Ich fahre die älteste Küste der Geschichte entlang. Wahrscheinlich sind Oliven und Feigen an dieser Küste zum erstenmal angebaut worden. Das Wort für Wein in der altägyptischen Sprache, also am Ende des vierten Jahrtausends vor Christi Geburt, ist phönizischen Ursprungs. Die Phönizier müssen älter sein als die Ägypter.

An dieser Küste hat der Fisch den Jona ausgespien. Die Fischer von Sidon zeigen noch heute den Platz, an dem dieses bemerkenswerte Ereignis sich abgespielt hat. Schon von jeher hat der Prophet im Bauch des Fisches den Zoologen mehr Schluckbeschwerden gemacht als dem Fisch. Man kann die Zoologen auch nicht damit trösten, daß es eine ferne Legende sei. Die Geschichte hat sich zu einem historisch ziemlich späten Zeitpunkt abgespielt. Der Prophet Jona hat in der ersten Hälfte des 8. Jahrhunderts gelebt. Ein später Zeitpunkt ist das, verglichen mit dem jener bezaubernden Story, die sich keine fünfzig Meilen südlich von der ungewöhnlichen Landung des Jona abgespielt hat. Zeus taucht in Gestalt eines Stiers aus dem Meer auf bei einer Wiese am Strand, auf der die Prinzessin Europa, die Tochter des Königs Agenor von Tyros, mit ihren Freundinnen spielt. Europa besteigt den Rücken des Stiers und wird von ihm über das Meer nach Kreta entführt. Dort bringt sie den König Minos zur Welt. Wollte man diese Sage datieren, müßte man sie um mindestens zweitausend Jahre früher als den Propheten Jona ansetzen.

Der Kern dieser Sage ist die Entstehung des minoischen Reiches. Seine Kultur ist die bisher älteste uns bekannte, welche als europäisch bezeichnet werden kann. Die Ausgrabungen fördern immer neue Überraschungen zutage. Nachdem es endlich auch gelungen ist, wenigstens die Linear b, eine der drei kretischen Schriften, zu entziffern, sind weitere Überraschungen zu erwarten. Keine Überraschung wird es bedeuten, wenn die Archäologen feststellen werden, daß die minoische Kultur aus Syrien stammt. Die Sage sagt es.

Nach zwei Stunden Fahrt mit ständig wechselnder Kulisse biegt der Fahrer nach Osten ins Gebirge ab. Es geht durch steile Schluchten aufwärts. Vorbei an malerischen Dörfern, die, zuweilen vom Turm einer maronitischen Kirche überragt, an den Hängen liegen, klettert die Straße in Serpentinen ins Gebirge hinauf. Glitzernd und blitzend steigt das Meer am Horizont hoch. Nach drei Stunden haben wir zweieinhalbtausend Meter Höhe erreicht.

Die Trasse der Straße folgt einem Flußtal. An den Hängen ist jeder Quadratmeter Erde bebaut. Die von Steinmauern gestützten Terrassen, die sich eine über der anderen erheben, sind, von oben betrach-

tet, eine eindrucksvolle Landkarte bäuerlichen Fleißes. Zuweilen passieren wir eines der schönen Som-
merhäuser der reichen phönizischen Kaufleute aus
Beirut.

Der Baum der tiefen Lagen ist der Maulbeerbaum.
An den Steilhängen wächst Eichengestrüpp, dazwi-
schen Buchen und Kiefern. Zuweilen stürzt eine
Felswand schroff zu dem in der Tiefe dahinbrausen-
den Fluß hin ab. Bei den unzähligen Windungen der
Straße wechselt immer wieder tiefer, kühler Schatten
mit heller, warmer Sonne, deren Steigen den durch
die zunehmende Höhe verursachten Temperaturver-
lust immer wieder ausgleicht. Raffinierte Bewässe-
rungsanlagen verteilen das kostbare Wasser, das der
jährliche Schnee dem Libanon bringt, bis in die
letzte Ecke. Es ist eine zugleich wilde und kultivierte
Landschaft. Die klimatischen Gegensätze in diesem
Winkel der Welt sind so groß, daß es in einem Umkreis von achtzig Kilometern von der Küste, an der
man baden kann, Bananenpflanzungen, Skiplätze
und Oasen in der Wüste gibt.

Wir treffen nur wenige Wagen, dafür aber viele Esel.
Unverdrossen trägt der Esel, das treue Tier, der alte
Freund des Menschen, die Last des Handels und
dazu gewöhnlich noch seinen Herrn oder seine Her-
rin auf seinem geduldigen Rücken durch den Staub
der Landstraße.

Die Zedern, nur etwa vierhundert Bäume noch, die
unter dem Kamm des Gebirges erhalten geblieben

sind, gäbe es heute auch nicht mehr, wenn sie nicht an einer so schwer zugänglichen Stelle stünden, daß es für keine Habgier je gelohnt hat, sie zu fällen.

Cedrus Libani wird nicht sehr hoch. Selbst die ältesten Bäume sind nicht höher als dreißig Meter. Die im Himalaya wachsende indische Zeder, im Sanskrit Devadaru, Baum der Götter, genannt, erreicht eine Höhe von sechzig Metern. Wälder von Zedern gibt es noch heute im Taurusgebirge und im Atlas.

Die Zeder streckt, nach oben sich verjüngend, ihre breiten, fächerartigen Äste weit nach allen Seiten aus. Ihre Kontur ist ein fast gleichseitiges Dreieck. So wirkt sie wie eine Pyramide. Jeder Baum steht für sich allein, den Nachbarn nur da und dort mit einem besonders weit ausladenden Ast berührend. Die letzten Zedern sind Aristokraten.

Der größte der Bäume beschattet ein steingefaßtes Brunnenbecken mit köstlich erfrischendem Quellwasser. Daneben steht eine maronitische Kapelle. Der Priester begrüßt uns freundlich. An hohen Feiertagen zelebriert er an einem Altar neben dem Brunnen die Messe im Freien.

Über das Alter der Bäume habe ich nichts Zuverlässiges herausfinden können. Ich tröste mich damit, daß das Herrn Baedeker vor vierzig Jahren auch nicht gelungen ist. An einem abgesägten Baum von fünfzig Zentimetern Durchmesser habe ich zweihundertzweiundachtzig Jahresringe gezählt. Da der Veteran am Brunnen einen Stammumfang von sech-

zehn Metern hat, ist es möglich, daß er zur Zeit König Salomos zu grünen angefangen hat.

Die Bäume bilden eine feierlich wirkende, dunkle
Gruppe. Sie stehen vor einem nackten, grauen, von
Geröll bedeckten Abhang, an dem eine schmale
Straße sich zum wenige hundert Meter höher gelege-
nen Kamm des Gebirges hinaufwindet. Auf dem
Kamm liegt noch der Schnee vom letzten Winter.

Die Zedern sind Zeitgenossen einer bewegten Epo-
che der Geschichte, in der unzählige Kriege und
Glaubenskämpfe durchgefochten wurden, große
Reiche entstanden und wieder zerfielen. Das Strand-
gut der Katastrophen wurde von den Wogen der Ereignisse in die einsamen Täler des Libanon ge-
schwemmt. Er ist das Fluchtgebirge der Geschichte
des Vorderen Orients, das Gebirge der verlorenen
Angelegenheiten.

DAMASKUS

Mit dem ersten gebrechlichen Kahn, mit dem der
Mensch sich in die unbekannte Einsamkeit des Was-
sers hinauswagte, reiste eine vornehme alte Dame
mit. In ihrem Dienst stand auch die erste Karawane,
die sich in die unbekannte Einsamkeit des Sandes

hinauswagte. Die vornehme alte Dame ist die Geschichte. Die Spur, die die Karavelle des Kolumbus durch den Atlantik gezogen hat, sind einige Schaumwirbel im Wasser gewesen. Die Spur, die die Geschichte im Sand der Wüste zurückläßt, sind die Knochen derer, die nicht ans Ziel gekommen sind.

Als ich das erste Mal Damaskus besuchte, kam ich von Aleppo. Ich saß in einem großen amerikanischen Wagen, der mit hundert Stundenkilometern die Straße von Aleppo nach Damaskus entlangfegte. Es war sieben Uhr morgens. Die von der Sonne mit einer blitzenden Aura vergoldete Zitadelle von Aleppo versank hinter dem Horizont. Wir waren sieben Passagiere. Bei der Abfahrt hatte ein würdiger weißbärtiger Beduine dem Franken höflich seinen Platz neben dem Fahrer angeboten.

Wir waren erst wenige Kilometer unterwegs, als mein wohlwollender Gönner das einzige arabische Wort, das ich verstehe, aussprach. Er sagte »Radio«. Der Fahrer stellte das Gerät an, und zwar sogleich auf maximale Lautstärke, für die Nerven ein starkes Stück. Eine Frauenstimme fing an zu singen. Es war eine schöne Stimme. Sie sang einen für unser Ohr eintönigen arabischen Song, der sich über viele Stunden hinzog. Ich hatte das Gefühl, daß die Sängerin ihre Ballade um fünf Uhr morgens mit Noahs Taube angefangen habe und so gegen Mittag bei der Flucht Mohammeds aus Mekka anlangen werde. Der Wagen fuhr, des Staubes wegen, geschlossen. Erst dachte ich, ich würde von dem Lärm verrückt. Aber man reist nicht durch Syrien, um Jazzschlager zu hören. Übrigens ist es fraglich, was man länger aushielte.

Diese Balladen sind eine alte Tradition. Schon vor der Zeit Mohammeds traten auf den Märkten Arabiens die Poeten der Beduinenstämme miteinander in Wettbewerb. Die Gedichte wurden, von Instrumentalmusik begleitet, gesungen. Die preisgekrönten wurden, in goldenen Lettern auf Seide gemalt, an der Kaaba in Mekka aufgehängt.

Die Poesie hat der arabischen Sprache die Leichtigkeit und Biegsamkeit, die Eleganz und den Reichtum verliehen, der die Araber, nachdem sie den Orient erobert hatten, dazu befähigte, die besiegten Kulturen sich anzueignen. Fast immer wird der kräftigere, aber barbarische Sieger dazu neigen, die höhere Kultur des Besiegten zu der seinen zu machen. Nicht immer wird er dazu imstande sein.

Die Straße, die entlangfahrend wir dem Happy-End der Geschichte von Noahs Taube lauschen, führt, tadellos asphaltiert, durch die Wüste. Die Wüste ist steinig. Zuweilen taucht hinter den Sandhügeln zur Linken ein fernes Felsengebirge auf, dessen Konturen in der Sonne flimmern. Einmal erscheinen zur Rechten die schneebedeckten Kuppen des Antilibanon.

Auf dieser Straße ist seit unvordenklichen Zeiten die vornehme alte Dame gereist. Sargon, König von Akkad, ist sie am Ende des dritten Jahrtausends vor Christi Geburt entlanggezogen. In einer Inschrift erzählt König Sargon, daß seine Mutter geringer Herkunft gewesen sei und ihn nach seiner Geburt in einem mit Pech abgedichteten Weidenkörbchen auf dem Euphrat ausgesetzt habe. König Akki, der den friedlichen Beinamen »der Bewässerer« getragen hat, habe ihn aufgenommen und großgezogen.

Dreihundert Jahre später, in der Mitte des 20. Jahrhunderts, zog Abraham diese Straße auf seinem Weg von Haran in Mesopotamien über Aleppo nach Kanaan hinab. Um 1500 kam der Pharao Thutmosis III., als er Syrien eroberte, hier vorbei. Seine Obelisken stehen in New York und Konstantinopel. Um 1250 kam Mose diese Straße vom Sinai herauf. 597 zog Nebukadnezar sie entlang, um Jerusalem zu erobern und den König Jojachim von Juda und einen Teil seines Volkes nach Babylon in die Gefangenschaft wegzuführen. Diese Wüstenstraße ist ein Highway of History.

Nach drei Stunden Fahrt überqueren wir den Paß, der über den Antilibanon führt. Eine weite Ebene breitet sich vor uns aus. Über dem Horizont steigt der schneebedeckte Hermon an der Grenze Palästinas auf. Plantagen von Aprikosen- und Orangenbäumen, Weingärten, Zypressen, Pappeln und Weiden beleben das Bild. Im Schatten der Bäume liegen alte Bauernhöfe. In den Hecken blühen die letzten Rosen des Jahres. Mit einem Schlag hat sich die unfruchtbare Wüste in einen blühenden Garten verwandelt. Kein Wunder, daß den Beduinen diese Oase wie ein Paradies erschienen ist.

Ich bin in Damaskus, das im Lauf der Geschichte die Hauptstadt so vieler Reiche war, das so viele Male erobert, zerstört und wiederaufgebaut wurde. Die Syrer feiern gerade den Jahrestag ihrer Befreiung von der französischen Mandatsherrschaft.

Viele Beduinen sind aus der Wüste in die Stadt gekommen. Sie tragen ihre schöne Tracht, den weitfallenden weißen Burnus, der um den Kopf mit einer Silberschnur zusammengehalten wird. Immer wieder gehen – ein bezauberndes Bild – drei oder vier junge Beduinen, schöne Männer mit mageren Gesichtern, scharf geschnittenen kühnen Nasen und ihren dunklen tausendjährigen Wüstenaugen Hand in Hand mitten auf der Straße. Keinem Autofahrer würde es einfallen, eine solche Kette der Freundschaft trennen zu wollen. Es könnte ihm geschehen, daß er dabei erschlagen würde. Zwischen den fröhlichen Menschen und den Autos suchen sich viele lustige Esel mit ihren kleinen trippelnden Schritten und würdige Kamele, in würdigem Paßgang hochmütig über die Menge hinwegsehend, ihren Weg ...

Die Damaszener lieben zu sagen, daß Damaskus die älteste Stadt der Welt sei. Auf jeden Fall ist ihr Name Dimashq nicht semitischen Ursprungs. Die Stadt Dimashq muß es schon vor der Zeit der Amoriter gegeben haben, also vor der Mitte des dritten Jahrtausends, als die Amoriter als erste aus Arabien kommende semitische Völkerwelle erobernd in Syrien einbrachen. Ausgrabungen bestätigen das hohe Alter des Platzes.

Ich wohne im Hotel zur Königin Semiramis. Vom Fenster der Königin Semiramis sehe ich den Djebel Kasyun liegen. Er erhebt sich am nördlichen Stadtrand von Damaskus. Er ist dreizehnhundert Meter hoch. Nach·der Überlieferung der Moslems ist der Djebel Kasyun der Berg, auf dem Abraham die Erleuchtung zuteil wurde, daß es nur einen, den allmächtigen Gott gibt.

Die arabischen Mohammedaner leben in den Ländern, in denen die Biblische Geschichte sich abgespielt hat. So hat dieses seinem innersten Wesen nach poetische Volk viele bezaubernde Legenden geschaffen. Sie haben ihren guten Sinn. Nicht selten erhellen sie Zusammenhänge, die aus der Bibel nicht ersichtlich sind. Die Erleuchtung Abrahams wird im Alten Testament nicht erwähnt ...

Der Basar von Damaskus, der mit vielen Straßen und Gassen ein ganzes Stadtviertel ausmacht, ist nach Abdul Hamid, dem letzten türkischen Sultan, benannt. Der Souk Hamidiye ist einer der ältesten Plätze des Handels der Welt. Des heißen Klimas wegen ist der Basar überdacht.

In lebhaftem und fröhlichem Gewimmel drängt sich das Volk. An den Ecken sitzen die öffentlichen

Schreiber. Diese Schriftsteller sind Meister in der schwierigen Kunst, die arabische Kunst, die arabische Schrift schön zu schreiben. Man kann den Badern zusehen, wie sie Köpfe und Kinne rasieren. Die Bäckerjungen laufen durch die Basargassen und rufen Allah um Kunden an: »Allah ist der Ernährer! Kaufe mein Brot!«

Das Feilschen gilt als ein Vergnügen des Daseins, bei dem Händler und Kunde in einem Dutzend Sprachen einander zu überlisten versuchen. Der Teppich, auf dem man Mokka trinkend beisammensitzt, ist ein Turnierplatz des Witzes. Um einen Shawl oder eine Kupferkanne zu kaufen, muß man bereit sein, eine Freundschaft fürs Leben zu schließen. Bei dem nächsten Händler, der einen Silberling billiger ist, darf man sie wieder vergessen.

Ein sympathisches Phänomen ist, daß es unter den Händlern keinen Neid gibt. Kauft man bei dem Nachbarn und wirft vielleicht einen entschuldigenden Blick zu dem ersten Händler zurück, kommt er sogleich herbeigeeilt, um tröstend zu versichern: »Allah hat meinem Nachbarn einen guten Käufer geschickt. Zur rechten Zeit wird er auch mir einen schicken!« Wie weise ist das! In den arabischen Ländern gewinnt man den Eindruck, daß die Moslems die Moral, die der Koran sie lehrt, freudiger befolgen als die Christen die Moral, die die Bibel sie lehrt. Kommt man gelegentlich wieder an einem Stand vorbei, an dem man einmal etwas gekauft hat, wird man begrüßt wie ein Bruder, der aus der Wüste kommt. Der Orientale versteht etwas von dem schweren Geschäft, das Leben leicht zu nehmen.

Plötzlich hört das Dach über der Basarstraße auf. Drei mächtige korinthische Säulen, von schmiedeeisernen Reifen umschlossen, steigen weit über die Höhe der Dächer empor. Sie tragen den Rest eines Gemäuers. Zwischen den Säulen zeichnet sich die elegante Kontur eines Minaretts gegen den blauen Himmel ab, ein von der Antike gerahmtes arabisches Kunstwerk des 8. Jahrhunderts. Die korinthischen Säulen sind der Rest des Tempels des Jupiter Damascenus ...

Vom Tempel des Jupiter Damascenus aus besuchte ich die Moschee der Umayyaden. Sie ist ein Meisterwerk früher arabischer Architektur. Ich zog die Schuhe aus und betrat den Hof der Moschee. Er ist einhundertvierzig Meter lang und vierzig Meter tief. Schon die Maßverhältnisse dieses Hofes rufen ein Gefühl der Feierlichkeit hervor. Der Hof ist mit Marmor gepflastert und auf drei Seiten von einer Säulengalerie umgeben. Die lange Südseite wird von der Moschee eingenommen. In der einen Hälfte des Hofes steht ein steinerner Brunnen, gegenüber, in der anderen Hälfte, ein Schatzhaus, das frei auf zwölf aus dem alten Jupitertempel stammenden Säulen ruht.

In den Galerien, in denen die Gelehrten der Jugend den Koran erklärten, sind einige frühe arabische

Mosaike erhalten geblieben, Landschaften und Bilder von hochgebauten Städten, die an Benozzo Gozzoli erinnern. Das Grün, Blau und Gold zeigt Valeurs von nuancierter Kostbarkeit, die Komposition zeichnerische Finesse – an die Wand geworfene Träume, Erinnerungen an die Fata Morgana der Wüste.

Von den drei Minaretts, die vom Hof der Moschee aus zu sehen sind, ist eines bemerkenswert als ein Meisterwerk des arabisch-ägyptischen Stils. Von der Galerie dieses Turmes rief der Muezzin in getragen-melancholischem Sang über die Dächer der Stadt hin die Gläubigen zum Gebet. Das gegenüberliegende Minarett heißt Madinet Isa, das Minarett Jesu. Nach dem Glauben der Moslems ist die Spitze des Madinet Isa die Stelle, an der Jesus, der Prophet, am Beginn des Jüngsten Gerichts die Erde wieder betreten wird.

Es ist ein eigentümlich fremdartiges Gefühl, ohne Schuhe über die Marmorplatten und Teppiche der Moschee zu gehen. Die Moschee selbst hat einen langgestreckten, hohen, rechteckigen Mittelbau und zwei rechts und links sich anschließende kleinere, ebenfalls rechteckige Flügel. Der Bau ist einhundertsechsunddreißig Meter lang und siebenundzwanzig Meter breit. Durch die ganze Länge ziehen sich zwei Reihen durch hohe Bogen miteinander verbundener korinthischer Säulen. Teile der Decke sind noch goldinkrustiert. Einige bunte Fenster stammen aus dem 12. Jahrhundert. Der Boden ist vollständig mit Teppichen bedeckt. Ihre Zahl wird mit dreitausend angegeben. Unter ihnen sind herrliche, viele hundert Jahre alte Stücke. Der Gesamteindruck des Raumes ist der einer lichten Weite. Pracht und Reichtum der Ausstattung treten gegenüber den harmonischen Verhältnissen des Ganzen zurück. Da und dort kniet ein Gläubiger, sein Gebet verrichtend, am Boden.

Fast in der Mitte der Moschee steht eine Kapelle mit einer Kuppel. Sie ist rechteckig. Ihre Seitenwände sind schlanke Marmorsäulen, zwischen denen vergoldete Gitter sich spannen. In dieser Kapelle ruht nach der Überlieferung in einem von damaszener Brokaten bedeckten Marmorsarkophag seit der Zeit des Kaisers Theodosios das Haupt Johannes' des Täufers.

Damaskus ist die Stadt, in der Saul von Tarsos Christ wurde. Ich wandere zum alten Judenviertel der Stadt. Der Weg führt durch unzählige krumme, mit Steinplatten gepflasterte, saubere Gäßchen von der Moschee der Umayyaden zur Derb el-Mustakim. Das ist »die Gerade«, von der die Apostelgeschichte spricht. Die Gerade Gasse zieht sich von Osten nach Westen durch die ganze Stadt. Zur Römerzeit hatte sie Säulenkolonnaden, deren Reste an vielen Stellen ausgegraben worden sind. Das Judenviertel liegt zweifellos noch an derselben Stelle wie zu jener Zeit.

Der Herr forderte den Ananias auf, den erblindeten Saul zu besuchen: »Steh auf und gehe in die Gasse, die da heißt die Gerade, und frage nach dem Hause des Judas nach einem namens Saul von Tarsos.« Ein viele Meter in den Boden gesunkenes Haus aus dem 1. Jahrhundert wird das Haus des Ananias genannt. Es ist heute eine Kapelle. Das Tor, an dem die Gerade Gasse endet, steht ebenfalls noch an der gleichen Stelle wie zur Römerzeit. Teile der alten römischen Stadtmauer sind erhalten geblieben.

Tausend Dinge haben diese Steine gesehen seit jenem Tag, da ein Mann mit Blindheit geschlagen wurde. Sie haben den Übermut siegreicher Heere vieler Völker, sie haben die Tränen der Besiegten gesehen. Unzählige Karawanen sind durch dieses Tor gezogen. Sie brachten Seide und Weihrauch, die Kostbarkeiten des Ostens. Sie brachten Sklaven für die Bergwerke und Galeeren, Sklavinnen für die Harems der Satrapen und Paschas. Diese Steine haben den Karren gesehen mit der Million Goldstücke, mit denen die Damaszener sich von Timur, dem Mongolenkhan, loskauften. Sie haben das Wehklagen der in der Welt berühmten Waffenschmiede der Stadt gehört, die Timur Mann für Mann nach Samarkand und Khorasan verschleppte, um in Sibirien ein neues Rüstungszentrum zu schaffen. Heerführer und Gelehrte, Heilige und Künstler, Mönche, Kaufleute, Beduinen, Sklaven und Reisende aus aller Welt sind durch das Tor von Damaskus aus und ein gegangen seitdem, fast zweitausend Jahre lang. Nichts gibt diesen alten Steinen so viel Bedeutung, als daß sie Zeugen waren, wie ein blinder Mann, von einem Gefährten an der Hand geführt, vorüberschwankte, von dem hochmütigen römischen Wachtposten kaum beachtet.

Der Blinde hatte ein Gesicht gehabt. Jesus Christus war ihm erschienen, ihm, der mit soviel Zorn und Eifer die verfolgt hatte, welche Christus verkündigten. Welche Gedanken mögen diesen jungen ehrgeizigen Mann aus der großen Stadt Tarsos bewegt haben, als er durch dieses Tor hindurchschritt? Die Nacht der Blindheit umfing ihn. Als er hier vorbeikam, geschlagen von einer überirdischen Macht, wußte er noch nicht, wie bald er das Licht seiner Augen, und mehr als das, wiedererlangen werde.

Ich glaube, daß niemand, der eines Menschen Angesicht trägt, das Osttor von Damaskus zu durchschreiten vermag, ohne im Herzen bewegt zu sein. Paulus hat die Stadt nicht durch dieses Tor verlassen. Die Juden rotteten sich zusammen, um ihn zu töten. Die Jünger ließen ihn bei Nacht in einem Korb über die Mauer hinab. Am Fuß dieser Mauer begann der Weg, der den Paulus, nachdem er der Welt das Evangelium verkündet hatte, nach Rom führte, wo er als Zeuge Christi starb.

Ur liegt zwanzig Kilometer westlich des Unterlaufs des Euphrat im Süden der mesopotamischen Wüste. Es ist zweihundert Kilometer von der Küste des Persischen Golfs entfernt. Als die Geburtsstadt des Erzvaters Abraham ist Ur die früheste Stätte der Christenheit auf Erden.

Unsere Kenntnis der Historie geht weit über die Zeit Abrahams in die Vergangenheit zurück. Sogar für die Sintflut sind wir heute nicht mehr allein auf das Zeugnis der Bibel angewiesen. Aus den sumerischen Königslisten kennen wir die Namen einer Reihe von Herrschern, die vor der Sintflut in den Städten im Süden Mesopotamiens regiert haben. Abraham ist die erste biblische Persönlichkeit, deren in der Genesis überlieferte Biographie durch geschichtliche Kenntnisse aus nichtbiblischen Quellen ergänzt werden kann.

Von Damaskus liegt Ur mehr als tausend Kilometer entfernt. Ur zu besuchen kostete viel Zeit und viel Geld, aber die Überraschungen dieser Fahrt wurden nur noch von denen übertroffen, welche mich bei dem Besuch des Horeb, des Berges des Gesetzes auf der Halbinsel Sinai, erwarteten.

Der Omnibus nach Bagdad fährt um fünf Uhr nachmittags in Damaskus ab. Kurz vor Sonnenuntergang kam ich auf den großen Bahnhof, an dem man einsteigt. Das Vehikel, das uns durch die Syrische Wüste bringen soll, ist ein mächtiges Ding. Es besteht aus einer starken Zugmaschine, die mit einer beweglichen Achse an einen Pullmancar auf Reifen gekoppelt ist. Der ganze Zug ist mit geripptem Aluminium verkleidet. Der Prospekt hatte den Bus als »airconditioned« gespriesen. Es stellte sich heraus, daß es wichtiger war, daß der Bus nachts gut geheizt, als daß er am Tage gut gekühlt war. Die Sitze ließen sich zum Schlafen zurückklappen. Sie waren bequem wie in einem Flugzeug.

Bei der Abfahrt gibt es eine kleine Verzögerung. Der Anschlußbus, der die Passagiere von Beirut bringen soll, hat infolge frühzeitigen Schneefalls auf dem Paß des Libanon eine Stunde Verspätung.

Unter den Passagieren aus Beirut ist eine schöne indische Dame in kostbarem seidenem Sarong. Sie reist mit fünfzehn Koffern auf dem Landweg durch Persien nach Karatschi, der Hauptstadt von Pakistan. Neben ihr nimmt ein vornehmer Beduine in weißem Burnus Platz. Er wird mitten in der Nacht mitten in der Wüste aussteigen. Man darf sich vorstellen, daß ein paar hundert Kilometer von hier einige Beduinen seines Stammes auf ihren Sheik warten. Während die elektrischen Bogenlampen von Damaskus aufflammen, sitzen sie um ein Lagerfeuer, dessen roter Schein unter dem weißen Mond der Wüste die gespenstischen Schatten der lagernden Kamele in den Sand zeichnet.

Zunächst geht es eine gute Asphaltstraße entlang. Nach einer Stunde kommt die Zoll- und Paßkontrolle. Sie liegt nicht an der geographischen Grenze des Landes, die eine imaginäre Linie in der Wüste ist, sondern an der Grenze des bewohnten Gebietes. Die Wüste ist Niemandsland. Im Zollhaus gibt es einen ausgezeichneten Tee. Dann beginnt die Piste. Unser Benzinuntier fährt ein Tempo von achtzig bis hundert Stundenkilometern. Der Drachenschwanz einer mächtigen Staubwolke wird von den Rädern hochgewirbelt.

Der biblische Bericht vom Leben Abrahams ist lebendig und farbig. Wieweit mag dieser Bericht den Ereignissen, die sich tatsächlich abgespielt haben, entsprechen?

Der Streit um die Wahrheit der biblischen Überlieferung hat schon zu Jesu Zeiten die Geister bewegt. Philo, der jüdische Philosoph, der im Jahre 10 vor Christi Geburt in Alexandria geboren ist, hat den Satz aufgestellt: »Alles, was im Alten Testament steht, ist Wahrheit. Alles, was Wahrheit ist, steht im Alten Testament.« Die frühen Kirchenväter haben den Versuch unternommen, diese Behauptung als für die ganze Bibel gültig zu erweisen.

Ich stelle nicht die Frage nach der Wahrheit der Offenbarung, sondern die Frage nach der Zuverlässigkeit der Bibel als Quelle der Überlieferung. Die Behauptung der klassischen Naturwissenschaft, daß die Wahrheit der Offenbarung mit den Ergebnissen der Wissenschaft nicht zu vereinen sei, hatte unmerklich zur Folge gehabt, daß in der allgemeinen Meinung die Bibel auch als geschichtliche Quelle für gering erachtet wurde.

Archäologische und historische Forschung zeigen immer deutlicher, däß die Bibel eine zuverlässige historische Quelle ist. Die Zahl der von ihr berichteten Tatsachen, die von der Forschung auf anderen Wegen als richtig bestätigt werden, wächst von Jahr zu Jahr. Das ist nicht verwunderlich. Es gibt in der ganzen Geschichte der Menschheit kein Dokument, dessen Text über eine so lange Zeit mit einer solchen Genauigkeit überliefert worden ist wie der Text des Alten Testaments. Die wissenschaftliche Textkritik hat, in einer ungeheuren philologischen Arbeit, als Ergebnis eines ganzen Jahrhunderts gelehrten Fleißes feststellen können, daß der uns heute vorliegende Text sich gegenüber dem kanonischen Text zu Jesu Zeiten nicht wesentlich verändert hat ...

Die moderne Textforschung nimmt heute allgemein an, daß die erste Niederschrift des Pentateuchs, der fünf Bücher Mose, im 10. oder 9. Jahrhundert vor Christi Geburt erfolgt ist. Es gibt viele gute Gründe anzunehmen, daß sogar schon dieser Niederschrift ältere schriftliche Quellen zugrunde lagen. Allein die schriftliche Überlieferung überbrückt also dreitausend von den viertausend Jahren, die uns von Abraham trennen.

Über diesem beruhigenden Gedanken bin ich eingeschlafen. Gegen zwei Uhr morgens haben wir einen Stopp. Eines der gewaltigen Räder unseres Benzinuntiers muß ausgewechselt werden.

Ich steige aus und gehe ein paar hundert Meter ins Gelände. Der Vollmond scheint. Trotz seines hellen Lichtes funkeln die Sterne mit einer Leuchtkraft, wie ich das noch nie gesehen habe. Der Himmel erscheint dadurch höher und weiter als in unseren Breiten. Der Sand unter meinem Fuß ist hart. Hie und da wächst eine kümmerliche Distel. Kamele fressen sogar dieses trockene Gestrüpp. Da sie eine lebendige Pflanze ist, enthält sie Spuren von Wasser, aber es gehört das Gebiß eines Kamels dazu, dieses Wasser für den Durst mobil zu machen.

Vor mir liegt eine kleine Kette von Sandhügeln. Nach allen anderen Seiten erstreckt sich eine silberglänzende Unendlichkeit. Von hier nach Süden reicht die Wüste zweieinhalbtausend Kilometer weit durch die ganze arabische Halbinsel bis zur Küste von Hadramaut am Indischen Ozean. Um diese Küste von hier aus mit dem Kamel zu erreichen, würde man über hundert Tage brauchen. Viele Meilen im Umkreis gibt es höchstens ein paar Beduinen, die die wenigen Wasserstellen kennen. Vielleicht gibt es auch noch ein paar Springmäuse oder einen einsamen Schakal, und irgendwo mag ein Geier, auf einem Felsblock hockend, seine Nacht verbringen. Der Rest ist Schweigen.

Wenn die Sonne nach alter Weise im Wettgesang

der Brudersphären tönt und ihre vorgeschriebene Reise mit Donnergang vollendet, der Mond, er schweigt.

»Seul le silence est grand, tout le reste est faiblesse.« Nur das Schweigen ist groß, der Rest ist Schwäche. Ich fand diese gewiß ausgezeichnete Bemerkung von Alfred de Vigny, dem Freund Balzacs, im Gästebuch des Hotels der Königin Zenobia in Palmyra, der Ruinenstadt im Norden der Wüste. Die einzige Schwäche dieses Ausspruchs über das Schweigen ist, daß er schweigend nicht gemacht werden konnte.

Die Kälte des Universums, die aus den funkelnden Sternen herabstürzt, fordert den Trotz des Menschen heraus. Die Erhabenheit der Wüste macht ihn einsam. In ihrer Schönheit fühlt er sich verloren. Das ungeheure Schweigen stellt an den Menschen eine große Frage.

Noch vor dreißig Jahren hat man für die Reise von Damaskus nach Bagdad dreiundzwanzig Tage auf dem Rücken des Kamels gebraucht. Tag für Tag das grandiose Schauspiel des Sonnenaufgangs, die Hitze des Tages, das grandiose Schauspiel des Sonnenuntergangs. Nacht für Nacht die niederfallende Kühle, der silberne Mond über dem Schweigen der Wüste, das alles erzeugt eine ungeheure Spannung. Die Unendlichkeit des Diesseits zwingt den Menschen, die Brücke zur Unendlichkeit des Jenseits zu betreten.

Der Reifen ist montiert. Die Männer rufen nach mir

mit fernherklingenden, gespenstisch echolosen Stimmen. Ich kehre zum Bus zurück. Den zerfetzten Schlauch, den der Monteur weggeworfen hat, wird morgen der Geier mit bösen Schnabelhieben zerhakken.

Durch das kleine, staubbedeckte Kabinenfenster sehe ich Meile für Meile die Wüste vorüberziehen. Die leeren Blechkanister, die alle hundert Meter die Piste markieren, leuchten im Licht der Scheinwerfer auf. Die im Halbschlaf erwachte Phantasie verwandelt die vorbeihuschenden Felsen in tolle Fabeltiere. Nach Stunden wird der Himmel vor uns hell. Es ist ein Gefühl der Erleichterung, wie das Erwachen aus einem schweren Traum. Die Sonne geht auf.

Das Schauspiel beginnt mit einem ersten Schimmer von blassem Rosenrot. Dieses blasse Rot der Rose wird von Minute zu Minute tiefer, bis es zu leuchtendem Purpur geworden ist. Die ersten hellen Töne vom Blau des Himmels werden sichtbar. Dann kommen neue Farben, die sich mählich zu einem tollen Crescendo des ganzen Prismas steigern. Es ist ein kosmisches Orgelkonzert. Man meint, die Vox coelestis eines himmlischen Johann Sebastian durch die Sphären tönen zu hören. Die Strahlen der Sonne beginnen zu wärmen. Sie beginnen zu blenden. Es ist Tag geworden. Wie hätten nicht in frühen Zeiten die Menschen die Sonne als Gottheit verehren sollen!

Unterdessen hat der Autobus wieder bewohntes Gebiet erreicht. Palmen und ein paar vereinzelte Häuser tauchen auf. Der Autobus hält an der Paß- und Zollkontrolle des Staates Irak. Der heiße Tee schmeckt wieder köstlich. Wir fahren über den Euphrat. Eine mächtige Brücke verbindet die hohen Dämme auf beiden Seiten des Flusses miteinander. Der Euphrat ist hier so breit wie der Rhein bei Basel. Langsam und majestätisch wälzt er den Schlamm des Taurusgebirges hinab zum Persischen Golf, vorbei an unzähligen Plätzen, die zu den ältesten Stätten der Geschichte gehören.

Pünktlich um zehn Uhr morgens haben wir den Tigris erreicht. Wir sind in Bagdad. Ein Arc de Triomphe, ein gewaltiges Tor, steht auf einem freien Platz. Riesige, geflügelte Löwen mit Menschenhäuptern schmücken es. Sie stammen aus dem Palast des Königs Assurbanipal in Ninive. Diese zweieinhalbtausend Jahre alten Plastiken sind aus einer für Mesopotamien späten Zeit.

Von der alten Pracht der Stadt des Kalifen Harun al-Raschid, dem Bagdad aus Tausendundeiner Nacht, ist nicht viel erhalten geblieben. Dieses Bagdad haben im 13. Jahrhundert die Mongolen zerstört. Nur das Hotel, in dem ich wohne, hat in seinem Namen das Gedächtnis Sindbads, des Seefahrers, bewahrt. Die Kaimauer besteht noch heute aus Ziegeln mit dem Stempel Nebukadnezars.

Das Bemerkenswerteste in Bagdad sind für den Fremden die Museen. An zwanzig Ausgrabungsstätten in Mesopotamien werden Jahr für Jahr unglaubliche Dinge aus allen Zeitaltern der Menschheit ans Tageslicht gefördert. Das Iraqimuseum ist eine Schatzkammer von Kostbarkeiten. Es ist überfüllt, aber vortrefflich geordnet. Auch sind die Objekte klar und gut beschriftet. Der Bau ist veraltet. Er reicht in keiner Weise mehr für das aus, was das Museum heute alles besitzt. Es sind Schätze, wie sie in dieser Fülle weder das Britische Museum noch der Louvre hat.

Von Bagdad nach Ur sind es dreihundertundsechzig Kilometer nach Südosten. Zunächst führt eine Asphaltstraße nach Hilla. Unterwegs zweigt nach Westen die Straße nach Kerbela, der heiligen Stadt der Schiiten, ab. In Kerbela wird Ali, der Enkel Mohammeds, der ermordet und in Kerbela begraben wurde, verehrt. Die Moschee darf noch heute niemand betreten, der nicht rechtgläubiger Moslem ist. Es hat etwas Beruhigendes, daß es auf der Welt Plätze gibt, zu denen man nicht einmal mit einer Pressekarte zugelassen wird.

Eine Weile später tauchen, etwas abseits von der Straße, die Wälle von Babylon auf. Das Land ist überall bewässert und bebaut, freilich auf eine sehr primitive Weise. Unternähme man es, nur das Bewässerungssystem aus der zweiten Blütezeit Babylons im 7. Jahrhundert vor Christi Geburt wiederherzustellen, niemand in diesem Land litte Not.

Die irakische Regierung hat mit dem Bau eines Staudamms im Norden begonnen. Es ist ein Bewässerungsprojekt von hundert Millonen Dollar. Man schätzt, daß auf dem Boden des Zweistromlandes zwanzig Millionen Menschen ernährt werden können.

Hundert Kilometer südlich von Hilla überschreiten wir bei Samawa auf einer Schiffsbrücke den Euphrat. Auf der anderen Seite des Flusses fährt der Wagen durch eine schmale, halbüberdachte Basarstraße. Wir können nur langsam fahren. Die Kupferschmiede hämmern auf der Straße. Die Zeltmacher sitzen vor ihren Türen. Ein Hammel wird geschlachtet. Kinder spielen. Männer trinken voller Würde ihren Mokka. Die Weiber werfen hinter ihren Schleiern neugierige Blicke auf den Wagen. Fremde sind hier selten.

Diese Basarstraße dürfte vor hundert oder dreihundert, ja vielleicht vor tausend Jahren kaum anders ausgesehen haben als heute. Sie ist fröhlich, gesellig, schmutzig, voller Lärm und Leben. Die Bewohner sind seßhaft gewordene Beduinen. Dieses unzerstörbare, geduldige und fleißige Volk trägt seine Armut mit Würde. Gern spottet es über sich selbst und über seine Obrigkeiten. Es ist hilfsbereit und gastfreundlich. Von Zeit zu Zeit erhebt es sich zu jähen Revolten. Das Volk ist es, über das die Geschichte dahingeht, nicht achtend seines Schweißes, seines Blutes, seiner Tränen.

Dann kommt wieder die Wüste. Von hier an ist sie vollständig flach. So weit man sehen kann, gibt es auch nicht die kleinste Bodenwelle. Es ist das Schwemmland des Euphrat, auf dem wir noch einmal hundert Kilometer zurücklegen. Wir begegnen keinem Wagen mehr. Fünfzehn Meter unter uns in der Tiefe liegt die Lehmschicht, die die Sintflut zurückgelassen hat.

In jedem Jahrhundert rückt die Küste um zwei bis zweieinhalb Meilen ins Meer hinaus. Zur Zeit Abrahams reichte das Meer bis Ur. Heute ist die Küste zweihundert Kilometer von Ur entfernt. Abraham hat im 20. Jahrhundert gelebt, genausolange vor Christi Geburt wie wir danach. In Ur in Chaldäa ist Abraham geboren. Dort hat er seine Jugend verbracht. Dort auch hat er Sara geheiratet. Von Saras Herkunft wissen wir nichts. Wahrscheinlich ist sie eine Sumererin gewesen.

»Ur in Chaldäa« ist eine für Abrahams Zeit noch nicht gültige Bezeichnung. Für ihn muß es heißen »Ur in Sumer«. Die Chaldäer kommen erst ein paar hundert Jahre nach Abraham dorthin. Dem späteren biblischen Chronisten ist es nicht zu verdenken, daß er die geographische Bezeichnung wählte, die zu seiner Zeit gültig war. Die Familie blieb nicht in Ur. Im 11. Kapitel der Genesis heißt es: »Da nahm Tara seinen Sohn Abram und Lot, seines Sohnes Haran Sohn, und seine Schwiegertochter Sarai, seines Sohnes Abram Weib, und führte sie aus Ur in Chaldäa, daß er ins Land Kanaan zöge; und sie kamen gen Haran und wohnten daselbst.«

Haran liegt im nördlichen Mesopotamien, genau in der Mitte zwischen Euphrat und Tigris. Der Vater starb in Haran. Als Abraham auf Gottes Geheiß nach dem Lande Kanaan weiterwanderte, ist er durch die Syrische Wüste gezogen.

Die Beständigkeit der Überlieferung im Orient ist daraus zu ersehen, daß es noch heute in Haran zahlreiche Legenden von Abraham gibt. Die Einwohner von Ain el-Khalil betrachten sich als unmittelbare Nachkommen des Erzvaters. Sie nennen sich »Söhne Abrahams«. Von den Mohammedanern wird Abraham ebenso verehrt wie von den Christen. Mohammed hatte einmal erklärt, es sei die Religion Abrahams, die er wiederherstellen wolle. Er nennt ihn »Halil Allah, den Freund Allahs«.

Sogar den Brunnen der Rebekka gibt es noch, ein Denkmal der Geschichte der Brautwerbung Eliesers, des Knechtes Abrahams, für Isaak, Abrahams Sohn, dieser bezaubernden Geschichte, die uns in all ihrer patriarchalischen Schönheit das 24. Kapitel der Genesis erzählt.

Die amüsanteste der mohammedanischen Legenden um Abraham knüpft sich an einen Teich in Urfa. In Urfa, unweit Haran, gibt es einen baumumstandenen Weiher mit heiligen Karpfen. Nimrod, der nicht nur ein gewaltiger Jäger war, sondern auch König von Assur, feuerte mit seinem Katapult glühende Holzkohle auf Abraham. Die Kohle fiel von dem heiligen Mann ab. Es wurde ein Weiher daraus. Aus den Funken wurden Fische. Bis zum heutigen Tag sind diese Fische heilig und werden nicht gegessen. In Abrahams Schoß kann sogar ein Karpfen glücklich werden.

Während des letzten Stücks der Fahrt nach Ur erscheint auf der linken Seite am Horizont zuweilen ein dunkler Strich, die Dattelpalmenwälder am Ufer des Euphrat. Zwanzig Kilometer vor dem Ziel taucht an dem vollkommen ebenen Horizont eine gezackte Kontur auf. Das ist der Ziggurat, der Tempelturm von Ur.

Ur war eine Hafenstadt an der Meeresküste. Sie hatte mehr als hunderttausend Einwohner. Ur hat Abraham das Erbe einer tausendjährigen Kultur mitgegeben, die Kultur Sumers, dessen Blüte vom Jahre 3000 bis zum Jahre 1900 vor Christi Geburt gedauert hat. Um sich von dieser Zeitspanne einen Begriff zu machen, sie ist ebenso groß wie die von Karl dem Großen bis zu uns.

Die Sumerer hatten hervorragende Kenntnisse in Mathematik und Astronomie. Die Zwölfstundeneinteilung unserer Uhr ist eine Ordnung der Zeit, die in Ur vor fünftausend Jahren geschaffen wurde. Die Sumerer hatten eine bedeutende Kunst. Sie hatten eine hochentwickelte Religion.

Die schriftlichen Zeugnisse dieser Kultur gehen bis ins Jahr 2000, also bis in Abrahams Zeit zurück. Wenn es auch nicht gerade wahrscheinlich ist, es wäre durchaus möglich, daß der Ziegel gefunden würde, in den der Vertrag über den Verkauf von Abrahams Vaterhaus eingeritzt ist. Ein Kaufvertrag über einen Ochsen und ein anderer über ein Feld an einen Namensvetter Abrahams in Babylon aus der gleichen Zeit, der Zeit Ammizalugas, des zehnten Königs aus der ersten Dynastie in Babylon, sind auf uns gekommen. Man könnte die Frage stellen, welcher Grad von Verehrungswürdigkeit diesem Ziegelstein, würde er gefunden, zukäme. Ich wüßte gern, was die Theologen auf diese Frage für eine Antwort haben. Es kommt darauf an, Abraham nicht in einer unbestimmten legendären Atmosphäre zu sehen. Man muß versuchen, ihn als eine scharf konturierte geschichtliche Persönlichkeit in den Blick zu bekommen. Ohne Zweifel ist er das. Er ist ein Grandseigneur gewesen. Der Pharao in Ägypten hat ihn empfangen. König Melchisedek hat ihn empfangen. In der Bibel ist er mit vielen bezaubernd humanen Schwächen gezeichnet. Er ist nicht irgendeine Idealfigur. Er ist ein lebendiger Mensch gewesen.

Ich besteige den Ziggurat, den Tempelturm. Sein Mauerwerk besteht aus Ziegeln, die in Asphalt eingebettet sind. Der Tempelturm ist auf einem Rechteck von sechzig mal fünfundvierzig Metern errichtet. Die Wände sind schräg geneigt. Ihre Grundlinien sind auf allen vier Seiten leicht nach innen, die Flächen dagegen ein wenig nach außen gewölbt. Dieses architektonische Prinzip ist auch beim Parthenontempel auf der Akropolis angewendet worden.

Von vorn auf die Längsseite zu führt, aus dem alten Material rekonstruiert, im Neigungswinkel von fünfundvierzig Grad eine Treppe von etwa hundert Stufen auf die erste Terrasse hinauf. Ursprünglich hatte der Ziggurat drei Terrassen. Auf der obersten, in fünfzig Meter Höhe, stand das Tempelgebäude. Auf den Terrassen waren Gärten angelegt. Das ist eine Erinnerung der Sumerer an das Land ihrer Herkunft. Sie stammen aus irgendeinem Gebirge Mittelasiens. Sie sind über See hierhergekommen. Sie waren gewohnt, ihre Götter auf Bergen zu verehren.

Außer der mittleren, auf den Ziggurat zuführenden Treppe führten noch zwei weitere Treppen im gleichen Neigungswinkel von fünfundvierzig Grad, rechtwinklig zu der mittleren Treppe, von rechts und von links an der Mauer empor zum Hauptportal auf der ersten Terrasse. Wenn die Prozessionen der Priester diese Treppen hinauf- und hinabstiegen, muß das ein malerischer Anblick gewesen sein. Sir Leonard Woolley, der Archäologe der sumerischen Kultur, äußert die geistreiche Vermutung, daß Jakobs Traum von der Himmelsleiter, auf der die Engel auf und nieder steigen, eine Erinnerung Jakobs an Erzählungen seines Großvaters aus dessen Jugendtagen in Ur ist.

Die Autorität der alten sumerischen Gottheiten, die mythische Naturmächte verkörperten, war so groß, daß noch eineinhalbtausend Jahre, nachdem Ur seine politische Macht verloren hatte, die Götter Urs in Babylon und Ninive verehrt wurden. Ur war die Jahrhunderte hindurch eine heilige Stadt. Die sumerische Sprache war die Kultsprache der babylonischen Priester. So ist sie uns erhalten geblieben.

König Nabonidus, der letzte König des neubabylonischen Reiches, hat, ehe der Perserkönig Cyrus der Große im Jahre 538 sein Reich zerstörte, die heiligen Stätten von Ur noch einmal vollständig wiederaufgebaut. So ist der Ziggurat, auf dem ich stehe, nicht der aus Abrahams Zeiten. Der alte, der erste Ziggurat, steckt in dem heutigen darin. Man könnte ihn freilegen, aber das wäre nur möglich, wenn man die Zerstörung der erhalten gebliebenen Anlage aus neubabylonischer Zeit in Kauf nähme.

Die Sonne beginnt sich zu neigen. Von der Höhe des Ziggurat blicke ich nach Westen in die wasserlose, unbewohnte Wüste. Dieser Anblick hat sich seit Abrahams Zeiten nicht geändert. Rings um den Ziggurat breitet sich das Feld der archäologischen Ausgrabungen aus, Tempelanlagen aus allen Epochen, ein Mausoleum mit gut erhaltenen Wänden, ein riesiger Friedhof, Paläste und Wohnhäuser aus verschiedenen Schichten und Jahrhunderten. Die beiden Hafenbecken von Ur sind an einer etwas dunkleren Färbung des Erdreichs deutlich zu erkennen.

In dem Friedhof entdeckte Woolley die berühmten sumerischen Königsgräber. Einige der Gräber waren

noch nicht geplündert. Er fand herrliche Goldge-
fäße, goldene Hauben, einen kunstvoll ziselierten
Dolch, eine mit Lapislazuli und Elfenbein eingelegte
Leier mit dem Kopf eines Stiers aus Gold. Er fand ein
kleines Silberschiff, ein genaues Modell der Fahr-
zeuge, welche die Fischer im Shatt el-Arab noch
heute benutzen. Er fand den ganzen prachtvollen
Goldschmuck der Königin Shub-ad. Königin Shub-
ad ist nach Eva die fünfte Frau der Weltgeschichte,
deren Namen wir kennen. Die zweite, dritte und
vierte sind Ada, Zilla und Naema, die Frauen La-
mechs aus dem Geschlecht Kains, die im 4. Kapitel
der Genesis erwähnt werden. Die Schönheit der
ausgegrabenen Kostbarkeiten, die heute im Iraqimuseum in Bagdad aufbewahrt werden, bezeugt
den hohen Stand der Kultur, aus der Abraham
stammt.

Zweihundert Meter südlich des Ziggurat ist ein
Stück der Stadt aus der Zeit um 2000, also aus Abrahams Zeit, ausgegraben worden. Es sind gepflasterte Gassen, die ich entlanggehe. Die Häuser schei-
nen nicht ohne Luxus gewesen zu sein. Sie hatten
innen eine Galerie. Die Archäologen schließen das
aus den im Boden gefundenen verkohlten Resten der
Holzbalken, welche die Galerien getragen haben.

Unweit dieser Ausgrabungsstelle ist eine tiefe
Grube. Hier hat Woolley, durch unendliche Massen
des Schutts der Jahrtausende hindurchstoßend, so
lange in die Tiefe gegraben, bis die Arbeiter auf eine

Lehmschicht stießen, die jungfräulicher Boden zu sein schien.

Nichts hätte nähergelegen, als den Spaten wegzulegen. Das ist nicht geschehen. Es war ein großer Augenblick der Archäologie. Sein wissenschaftlicher Instinkt sagte Woolley, daß hier etwas nicht stimme.

Am Abend des Tages, an dem seine Arbeiter auf die Lehmschicht gestoßen waren, stand Sir Leonard nachdenklich vor der fast vierzig Meter tiefen Grube. War er tatsächlich am Boden der Geschichte angekommen?

Am nächsten Morgen ergriff er den Theodoliten und stellte durch Messungen fest, daß der Boden der Grube mehrere Meter über der Höhe lag, die geologisch zur Zeit der vermuteten ersten Besiedlung zu erwarten gewesen wäre. Nur mit großer Mühe brachte Woolley seine Beduinen durch das Versprechen eines zusätzlichen Lohnes dazu, weiterzugraben. Nach eineinhalb Metern stießen sie auf einen fossilen Tierknochen, den der Fluß vom Gebirge herabgeschwemmt hatte. Nach drei Metern kamen neue Schichten von Siedlungen ans Licht. Sie stammen aus vorsumerischer Zeit. Aber auch hier schon fanden sich Reste von festgebauten Häusern, Spuren eines zivilisierten Volkes, von dem man freilich vorläufig noch keine genauen Vorstellungen hat. Vielleicht gehören diese Völker zur Hassunakultur, die, dreieinhalbtausend Jahre vor Abraham, auf 5300 vor Christi Geburt datiert wird. Diese Lehmschicht zwischen den Siedlungsschichten kann auf keine andere Weise entstanden sein als durch eine große und lang anhaltende Überschwemmung. Sie ist ein geologisches Dokument der Sintflut. Für die frühen sumerischen Geschichtsschreiber war die Sintflut ein im Gedächtnis wohl bewahrtes historisches Ereignis, das die sumerische Königsliste unterbricht. Die zehn Königsnamen, die diese Liste aus der Zeit vor der Sintflut nennt, entsprechen den zehn Patriarchen der Bibel von Adam bis Noah. Die Goldstücke, die Sir Leonard in die Grube von Ur geworfen hat, haben sich gelohnt.

So bin ich eine Gasse aus des Erzvaters Jugendtagen entlanggeschritten über ein viertausend Jahre altes Pflaster. Kurz nachdem Tara mit seinem Sohn Abraham, seiner Schwiegertochter Sarai und seinem Enkel Lot die Stadt Ur verlassen hatte, traten große kriegerische Ereignisse ein. Es handelt sich um eine der vielen Völkerwellen, die immer wieder erobernd aus Arabiens Wüsten hervorbrachen. Glanz und Größe des alten Königreichs Ur gingen zugrunde. Man fühlt sich versucht zu sagen – rechtzeitig, um die Überlieferung zu bewahren, habe Abraham das bedrohte Ur verlassen.

Diese Feststellung kann aber so nicht getroffen werden. Die goldenen Schätze der sumerischen Königsgräber, die Gasse Abrahams, die Spuren der Sintflut, das alles hat Sir Leonard Woolley aus der Erde gegraben. So eindrucksvoll diese Enthüllungen sind und so sehr Historie und Archäologie unseren Blick für die frühe Biblische Geschichte schärfen, eine Frage bleibt offen. Es ist die Frage, welche Überlieferung Abraham aus Ur nach Haran und Kanaan mitgenommen hat.

Im 4. Kapitel des Buches Genesis, bei der Erwähnung des Enos, der ein Enkel Adams war, heißt es: »Zu der Zeit fing man an, zu predigen von des Herrn Namen.« Als Gott mit Noah den Bund schloß und den Regenbogen als Zeichen dieses Bundes setzte, war es das letzte Mal vor Abraham, daß Gott zu einem Menschen sprach. Dann spricht Gott noch einmal, ehe er beim Turmbau zu Babel die Sprache verwirrt. Zu wem Gott die Worte des 11. Kapitels der Genesis gesprochen hat, wird nicht erwähnt. Aber nicht nur, daß Gott dann nicht zu den Menschen gesprochen hat, auch die Überlieferung, daß »gepredigt wurde in des Herrn Namen«, muß unterbrochen gewesen sein. Wir wissen, daß Abrahams Vorfahren, und sogar noch sein Vater, den Göttern Sumers gedient haben. Das wird in der Bibel ausdrücklich gesagt. Im 24. Kapitel des Buches Josua heißt es: »Josua versammelte alle Stämme Israels nach Sichem und berief die Ältesten von Israel, seine Obersten, Richter und Amtleute. Und als sie vor Gott getreten waren, sprach er zum ganzen Volk: So sagt der Herr, der Gott Israels: Eure Väter wohnten vorzeiten jenseits des Euphratstroms, Tara, Abrahams und Nahors Vater, und dienten anderen Göttern.«

Das 12. Kapitel der Genesis fängt unvermittelt mit dem Satz an: »Und der Herr sprach zu Abraham: Gehe aus deinem Vaterlande und von deiner Freundschaft und aus deines Vaters Hause in ein Land, das ich dir zeigen will.«

Wenn wir nicht wüßten, daß Abrahams Vorfahren den heidnischen Göttern gedient haben, wäre die Sache nicht schwierig. Dann könnten wir, auch ohne daß das ausdrücklich in der Bibel gesagt wird, eine mündliche Überlieferung annehmen. Aber die Überlieferung ist unterbrochen gewesen. Wir wissen nichts darüber, wie Gottes Wort von Noah zu Abraham weitergegeben worden ist.

Von Abraham an wird die Überlieferung der Offenbarung nicht mehr unterbrochen. Er ist der Erzvater. Was Abraham nach vielleicht vielen Jahrhunderten heidnischer Götterverehrung befähigt hat, Gottes Wort zu hören und zu verstehen, ist eine Frage, auf die das Alte Testament keine Antwort gibt. Ich vermute, daß diese Frage zu beantworten auch die Wissenschaft so leicht nicht imstande sein wird.

Nach tausend Meilen, die ich durch die Wüste gefahren bin, bin ich auf dem Ziggurat von Ur auf ein Problem gestoßen, das ich, hätte ich die Bibel ein wenig fleißiger gelesen, zu Hause hätte entdecken können.

Babylon – das ist Bab-ilu, das Tor Gottes. Dieser stolze heidnische Name hat durch die Ereignisse, die als eine großartige Prozession durch das Tor Gottes gezogen sind, mythische Bedeutung bekommen.

Früh am Morgen, vorbei am Triumphbogen mit den geflügelten Löwenmenschen aus Ninive, verlasse ich Bagdad. Die Sonne ist eben aufgegangen. Noch ist der Morgen frisch. Rötlich leuchtende Nebelstreifen ziehen über das herbstliche Land. Dieses Land zwischen Euphrat und Tigris ist der älteste Boden, dem der Mensch durch Bewässerung und Ackerbau Frucht abgewonnen hat. Immer wieder kreuzt die Straße auf kleinen überhöhten Brücken wasserführende Kanäle. Einer der Kanäle trägt nach dem Mann, der ihn vor viertausend Jahren gebaut hat, den Namen »Hammurabis Glück des Volkes«. Ein Denkmal der Dankbarkeit im Herzen des Volkes!

Von Zeit zu Zeit fahre ich an einem Stück Land vorbei, auf dem feine parallele Striche zu erkennen sind, die flachen Furchen, die der Bauer mit seinem Holzpflug gezogen hat. Dieses Netz feiner Parallelen ist die Geometrie der Kultur. Im Land zwischen Euphrat und Tigris ist der Pflug erfunden worden. Die Holzpflüge der Bauern sehen noch heute genauso aus, wie die Bildhauer vor Tausenden von Jahren sie in die Reliefs, auf denen die Fruchtbarkeit der Erde gepriesen wird, eingemeißelt haben.

Die Felder liegen voller Steine. Man meint, es müßte möglich gewesen sein, im Lauf von mehr als hundert Generationen bäuerlichen Fleißes diese Steine allmählich wegzuräumen. Mein kenntnisreicher Fahrer, selbst der Sohn eines Bauern aus dieser Gegend, erklärt mir, der Bauer lasse die Steine liegen, weil sie in ihrem Schatten ein wenig Feuchtigkeit festzuhalten vermögen. Beim Pflügen rollt der Holzpflug die Steine still und bescheiden aus seinem Weg. Ein Eisenpflug wäre nach einer Furche so schartig, daß er nicht mehr zu gebrauchen wäre.

Der Euphrat ist einer der Flüsse, die aus dem Strom des Paradieses kommen. »Es ging aus von Eden ein Strom, zu wässern den Garten, und teilte sich von da in vier Hauptwasser.« Eines dieser Hauptwasser ist der Euphrat.

Babylon ist die erste Stadt, die im Alten Testament mit Namen genannt wird. In der Völkertafel des 10. Kapitels der Genesis heißt es von Nimrod, daß der Anfang seines Reiches Babel, Erech, Akkad und Chalne im Lande Sinear gewesen seien. Diese Plätze sind Namen uralter Städte, von denen wir heute wissen, wo sie gelegen haben. Der Erzählung von der Sintflut folgt die Geschichte vom Turmbau zu Babel und von der Verwirrung der Sprache, die bei der

Ausgießung des Heiligen Geistes zum erstenmal wieder gelöst wird. Die Zeit der Gründung Babylons ist im Nebel einer undurchdringlichen Vergangenheit verborgen.

Babylon hat zwei große Blütezeiten erlebt. Das altbabylonische Reich hat von 1830 bis 1550 vor Christi Geburt gedauert. Sein bedeutendster Herrscher ist König Hammurabi, der erste große Gesetzgeber der Geschichte. Er nennt das zweite Jahr seiner Regierung »das Jahr, in dem ich die Gerechtigkeit begründete«. Seine Gesetzgebung war auf alten sumerischen Überlieferungen aufgebaut. Sie hat in Babylon tausend Jahre lang gegolten. Im Jahre 1901 wurde in Susa eine Dioritsäule gefunden, auf der die Gesetze des Hammurabi in kalligraphisch vollendeter Keilschrift eingemeißelt sind. Auf dieser Säule steht der Satz, daß der Gesetzgeber die Pflicht habe, den Schwachen vor dem Starken zu schützen. Zwischen dem Codex des Hammurabi und den späteren Gesetzen der Hebräer bestehen viele, bis in Einzelheiten gehende Übereinstimmungen.

Die zweite Blütezeit Babylons beginnt mit König Nebukadnezar II. Sie dauert fort unter Cyrus dem Großen, dem ersten König des Perserreiches, und reicht bis zu Alexander dem Großen. Alexander schlug nach seinen glänzenden Feldzügen seine Residenz in Babylon auf. Während der Vorbereitung eines Feldzugs zur Eroberung Arabiens ist er in Babylon an einer Malaria tropica gestorben. Die zweite Blüte Babylons hat dreihundert Jahre gedauert.

Vom Babylon der zweiten Blütezeit besitzen wir ausführliche Beschreibungen aus der Feder zweier ausgezeichneter Schriftsteller. Der eine ist Herodot, der in der Mitte des 5. Jahrhunderts Babylon besuchte, der andere der griechische Feldherr Xenophon, der mit einem Heer von zehntausend Söldnern auf seinem abenteuerlichen Zug durch den Vorderen Orient fünfzig Jahre nach Herodot in Babylon war. Xenophon schildert mit sachverständigem Interesse, wie König Cyrus der Große, indem er den Euphrat umleitete, seinerzeit Babylon ohne Schwertstreich erobert hat. Zahlreich sind die Zeugnisse über Babylon aus Inschriften und Ziegelsteinbibliotheken.

Die Ruinen Babylons sind um die Jahrhundertwende von der Deutschen Orientgesellschaft unter Leitung von Robert Koldewey ausgegraben worden. Heute trifft auf diese glanzvolle Stätte menschlicher Geschichte zu, was der Prophet Jesaja geweissagt hat:

»Also soll Babel, das schönste unter den Königreichen, die herrliche Pracht der Chaldäer, umgekehrt werden von Gott wie Sodom und Gomorra, daß man hinfort nicht mehr da wohne ... sondern Wüstentiere werden sich da lagern und ihre Häuser voll Eulen sein ... und Feldgeister werden da hüpfen und wilde Hunde in ihren Palästen heulen und Schakale in den lustigen Schlössern ... Und ich will Babel machen zum Erbe der Igel und zum Wassersumpf ... spricht der Herr.«

Diese Weissagung, die Jesaja zu einer Zeit machte, als Babylon die mächtigste Stadt des Erdkreises war, dieses Babylon, das der Prophet selbst einmal »Du Zarte und du Üppige« nennt, ist in schauerlicher Weise in Erfüllung gegangen. Die Ausgrabungen sind ein wüstes und schwer zu durchdringendes Trümmerfeld. In der Einsamkeit der Nacht muß dieses Feld eine unheimliche Stätte ruheloser Geister der Vergangenheit sein.

Der Beduine, der sich meiner unerbittlich annahm, konnte nur ein paar Brocken Englisch. Er hatte nicht viel Ahnung. Nachdem ich ihn durch ein vernünftiges Trinkgeld losgeworden war, kletterte ich, beladen mit Karte, Kompaß, Baedeker, Grundrissen und Rekonstruktionszeichnungen, in der zunehmenden Hitze hügelauf, hügelab durch das ausgedehnte Gelände.

Herodot gibt den Umfang der Stadt zur Zeit seines Besuches mit vierhundertachtzig Stadien an. Das sind etwa fünfundsiebzig Kilometer. Babylon war also damals so groß wie heute Paris. Die Wälle seien über hundert Meter hoch und fünfundzwanzig Meter breit gewesen. Zur Zeit Alexanders des Großen, also etwa hundert Jahre später, war die bewohnte Stadt auf einen Umfang von fünfundzwanzig Kilometern zusammengeschrumpft. Das ist der Umfang der heutigen Ausgrabungen. Man stelle sich vor, was da noch unter der Erde liegt!

Inmitten der Reste von Ziegelmauern und alten Türmen steht, ein bemerkenswertes heidnisches Symbol männlicher Herrschgewalt über die weibliche Erde, ein mächtiges Steinmonument auf einem neuen Postament, der berühmte über einer liegenden Frauengestalt stehende babylonische Löwe.

Die Monumente der Ausgrabungen in Mesopotamien sind nicht so eindrucksvoll wie die Denkmäler Ägyptens oder Griechenlands. Das Baumaterial ist all die Jahrhunderte hindurch in diesem Land ohne Steine, ohne Holz und ohne Metall der bescheidene Ziegelstein gewesen. Er war nur in der Sonne gebrannt. Nach Zerstörungen wurden die Trümmer eingeebnet und auf ihnen die neuen Bauten errichtet. So wuchsen diese mesopotamischen Städte im Lauf der Jahrtausende zu Hügeln bis zu hundert Metern Höhe an. Was die Archäologen freilegen können, sind fast immer nur Fundamente. Will man zu älteren Schichten vordringen, muß man die jüngeren zerstören. Dazu kommt, daß die Bauern die Ziegel dieser Trümmerstätten, ihrer vorzüglichen Qualität wegen, jahrhundertelang für ihre eigenen Bauten verwendet haben. Es bedarf der Übung, um an Hand der Trümmer und der Pläne das Bild von einst wiedererstehen zu lassen.

Das erste Babylon, das Babylon Hammurabis in der ersten Hälfte des zweiten Jahrtausends, ist von außerordentlicher Bedeutung für die Geschichte der Entstehung des Alten Testaments. Dieses erste Babylon mit all seinen kostbaren Schätzen und Tempeln aus alter Zeit wurde im Jahre 689 vollständig zerstört. Das war kurz vor der Aufrichtung des neubabylonischen Reiches. Der Zerstörer war der Assyrerkönig Sanherib.

Die Assyrer müssen ein schreckliches Volk gewesen sein, gewalttätig, böse, herrschsüchtig, ohne eine Spur von Humor. Wie alle Tyrannen hatten sie eine Vorliebe für überdimensionale Bauten. Schon in der Antike haben sie eine schlechte Presse gehabt. Sie auch waren es, die das »Ausreißen« von Völkern als Terrormethode in die Politik eingeführt haben.

Zur Zeit der Könige, im Jahre 932, hatte sich das jüdische Volk in zwei Königreiche geteilt, das nördliche Israel mit der Hauptstadt Samaria und das südliche Juda mit der Hauptstadt Jerusalem. Israel wurde im Jahre 722, also etwas über hundert Jahre vor der Babylonischen Gefangenschaft, von dem assyrischen König Salmanassar erobert. Sein Nachfolger Sargon eroberte Samaria. Die Methode des Ausreißens einer ganzen Bevölkerung wurde in diesem Fall so erfolgreich angewendet, daß Israel, der zweite jüdische Staat, und seine aus Syrien verschleppten Bewohner spurlos verschwunden sind. Daß dem anderen jüdischen Staat, dem Reiche Juda, das nur einmal, unter David und Salomo, eine Großmacht war, trotz seiner zahlreichen Kriege mit fast

allen Nachbarn, trotz seiner leidenschaftlich leicht-
fertigen Revolten gegen die mächtigen Herrscher
von Ninive und Babylon, Torheiten, vor denen die
politisch klarblickenden Propheten immer wieder
gewarnt haben, nicht das gleiche Schicksal wie seinem nördlichen Bruderstaat Israel zuteil geworden
ist, daß dieses Juda alle Wechselfälle der Geschichte
bis zur Geburt Jesu Christi überlebt hat, ist ein Phänomen, das seinesgleichen in der Geschichte nicht
hat. Mit den gewöhnlichen historischen Kategorien
kann dieses Phänomen nicht erklärt werden.

Die Zerstörung durch Sanherib war so gründlich,
daß die Ausgrabungen vom Babylon des alten Reiches nur Spuren zutage gefördert haben. Was wir
vom alten Babylon wissen, stammt größtenteils aus
der Bibliothek des Königs Assurbanipal, der im
Jahre 700 in Ninive regierte. Dieser König war ein
Liebhaber und Kenner der Literatur. Die Entziffe-
rung der Keilschrifttafel seiner Bibliothek hat neues
Licht auf die Geschichte der Entstehung des Epos
der Schöpfung geworfen.

Die Chaldäer, wie die Bibel die Babylonier nennt,
hatten eine auf sumerischen Überlieferungen beru-
hende Geschichte der Schöpfung, die in vielen wich-
tigen Punkten mit dem Bericht der Bibel überein-
stimmt. Da Europa bis zu den Entdeckungen der
Archäologie unserer Zeit für seine Kenntnis des Volkes Israel auf die Bibel angewiesen war, hat es die
Geschichte der Juden nur aus der Perspektive der

biblischen Chronisten gesehen. Die Archäologen haben gezeigt, daß die hebräische Kultur tief in die geistige Welt Westasiens eingebettet war, daß die Juden Anteil an den Überlieferungen Babylons und Sumers hatten. So ist die Neigung der Juden, von Jahwe abzufallen und fremden Göttern zu dienen, historisch verständlich.

Worin die Juden sich von ihrer geistigen Umwelt unterschieden, ist die allen Erklärungen sich entziehende Tatsache, daß sie von Anfang an die Idee des allherrschenden Gottes hatten. Der Versuch, den Sachverhalt so darzustellen, als sei die jüdische Gottesidee auf einen beduinischen Stammesgott zurückzuführen und habe dann eine Entwicklung zur Transzendenz durchlaufen, läßt nicht nur das Zeugnis der in ihren Aussagen doch so verläßlichen Bibel außer acht, er scheitert am Wesen der Sache.

Eine Idee so hohen Ranges wie die Idee Gottes als eines Wesens, das unsichtbar und unerkennbar ist, eines Wesens, dessen Eigenschaften nicht nur unbekannt sind, das vielmehr Eigenschaften in der Art, wie der irdische Mensch oder irdische Dinge Eigenschaften haben, gar nicht haben kann, wird dem Menschen nicht durch einen Prozeß fortschreitender Erkenntnis zuteil. Auch die fortgeschrittenste Erkenntnis wird dieses Wesen niemals begreifen. Nicht der Mensch ist, irgendwie biologisch, auf der Welt und kommt auf rationalem Wege allmählich hinter das Geheimnis seiner Existenz. Gott hat den Menschen erschaffen und läßt es ihn wissen.

Ich finde nicht einmal, daß man fromm sein muß, um das zu verstehen. Die Entwürfe früher Kulturen, das Geheimnis der menschlichen Existenz mythologisch zu erklären, befriedigen durch ihre Poesie. Die Versuche, die Transzendenz unseres Daseins naturwissenschaftlich zu erklären, sind in einem solchen Maße unbefriedigend und genügen selbst den bescheidensten intellektuellen Ansprüchen so wenig, daß die Hypothese einer Creatio ex nihilo dagegen eine einfache und überzeugende Sache ist.

Es entspricht in vollkommener Weise der Unvollkommenheit der menschlichen Natur, daß Gott sich immer wieder offenbart. Die Bibel erzählt die Geschichte der Propheten, der Männer, die dazu ausersehen waren, neue Offenbarungen in geschichtlicher Zeit zu verkünden. Petrus, in seiner Pfingstpredigt, nennt schon David einen Propheten. In der Geschichte der Menschheit gibt es nichts, was den Propheten in Israel vergleichbar ist. Die Propheten waren es, die im Volke Israel, das durch seine ganze Geschichte hindurch ständig leiblich und geistig bedroht, ständig von Gefahren umwittert war, die Idee Gottes als des Schöpfers Himmels und der Erden aufrechterhielten, bis daß die Zeit erfüllet war.

Der letzte dramatische Höhepunkt der Geschichte der Erkenntnis Gottes im Volke Israel fällt in das glanzvolle zweite Babylon. Das Babylon, das durch die Ausgrabungen Koldeweys zutage gefördert wurde, ist das Babylon des jüdischen Exils.

Der Begründer des zweiten, des neubabylonischen Reiches war, zusammen mit seinem Vater Nabopolassar, König Nebukadnezar von Babylon. Als Kronprinz besiegte Nebukadnezar den durch Syrien bis zum Euphrat vorgedrungenen Pharao Necho in der berühmten Schlacht von Karkemisch. Dieser selbe Nebukadnezar war es, der den König Jojachim von Juda besiegte und die Juden in die Babylonische Gefangenschaft führte.

Es war nicht das ganze jüdische Volk, das weggeführt wurde, sondern nur die, die man seitdem die »oberen Zehntausend« nennt. Die Weingärtner und Ackerleute wurden von den klugen Babyloniern im Lande gelassen. Sie hatten für die Besatzungskosten aufzukommen.

Die Babylonier verfuhren mit ihren Feinden human. Jeremia schreibt einmal in einem Brief nach Babylon: »So spricht der Herr, der Herr Israels, zu allen Gefangenen, die ich habe von Jerusalem wegführen lassen gen Babel: ›Bauet Häuser, darin ihr wohnen mögt; pflanzet Gärten, daraus ihr Früchte essen mögt; nehmt Weiber und zeugt Söhne und Töchter ... suchet der Stadt Bestes, dahin ich euch habe lassen wegführen, und betet für sie zum Herrn. Denn wenn's ihr wohlgeht, so geht's euch auch wohl.‹«

Dem Jeremia wurde, auf ausdrückliches Geheiß des Königs Nebukadnezar, freigestellt, ob er in Juda bleiben oder mit nach Babylon kommen wolle. Der Prophet entschied sich dafür, die zurückgelassene arme Bevölkerung im besetzten Gebiet nicht zu verlassen. Er wurde der beratende Prophet bei Gedalja, dem babylonischen Hohen Kommissar in Jerusalem. Aus Daniel wissen wir, daß die jungen jüdischen Männer dem König dienten. Der Politiker Nehemia war eine Exzellenz am Hofe in Susa. Er hatte das Amt des königlichen Mundschenks inne. König Jojachim wurde, freilich erst nach einer Gefangenschaft von siebenunddreißig Jahren, begnadigt. Von da an hat er bis an sein Lebensende eine königliche Pension bezogen.

Beim Betreten der Ausgrabungsstätte stößt man zunächst auf das berühmte Ischtartor. Ischtar war die Göttin der Fruchtbarkeit. Sie verschmolz später mit der griechischen Demeter. Das Ischtartor ist eine ausgedehnte Anlage, tief in der Erde liegend. Ich schreite zwischen fünfzehn Meter hohen Ziegelmauern dahin, an deren Rohziegeln überlebensgroße Stiere, Drachen und Löwen noch zu erkennen sind. In sorgfältig bemessenen Abständen sind sie über die großen Flächen verteilt. Die Reliefs sind mit leuchtend bunten, emaillierten Ziegeln verkleidet gewesen. Diese ganze Pracht wurde vor fünfzig Jahren nach Berlin gebracht.

Ein Teil des Ischtartores wurde von Nebukadnezar selbst zugeschüttet, um eine höher gelegene Prozessionsstraße bauen zu können. Die herrlichen Emailreliefs der heiligen Tiere Drache, Stier und Löwe wurden, ehe man sie zuschüttete, sorgfältig eingemauert. So sind sie in gutem Zustand erhalten geblieben. Es liegt hier der Fall vor, daß die Frömmigkeit der Wissenschaft gedient hat.

Die mit großen Steinplatten gepflasterte Prozessionsstraße des Königs Nebukadnezar ist zum größten Teil freigelegt. Sie ist mehrere Kilometer lang. Sie beginnt am Ischtartor und endet am Ziggurat, dem Turm, auf dessen Spitze der Tempel Marduks, des Gottes Babylons, stand. Auf dieser Straße wurden in prunkenden Prozessionen die Statuen der Götter von den Priestern entlanggetragen. Die heilige Straße war auf beiden Seiten von Palästen eingerahmt, von deren Größe wir uns nach den ausgegrabenen Grundmauern noch heute ein Bild machen können. Die Straße muß einen Eindruck gemacht haben wie die Champs Elysées in Paris zwischen dem Louvre und dem Arc de Triomphe.

Herodot beschreibt den Besuch, den er dem Tempel des Marduk auf dem Ziggurat abgestattet hat. Der Turm hatte acht Stockwerke. Der Pfad, der hinaufführte, wand sich um den Turm herum. Auf den mit Gärten bepflanzten Terrassen standen Bänke, auf denen der antike Tourist sich ausruhen konnte. Im Tempel standen neben dem Bild des Gottes eine reichgeschmückte Lagerstatt und ein Tisch aus purem Gold. Der Zutritt scheint für jedermann frei gewesen zu sein.

An den großen Festtagen standen die in Babylon in der Verbannung lebenden Juden am Rand der heiligen Straße, während die fremden Götter in Glanz und Gold und Pracht an ihnen vorübergetragen wurden. In dem allgemeinen Jubel durften sie ihre Trauer nicht zeigen. Diese Tage der großen Götterfeste waren es, an denen die Juden, während das ganze Volk feierte, zu den stillen, verlassenen Ufern des Euphrat hinabgingen, an den Wassern von Babylon saßen und weinten.

Es war eine harte Prüfung, die Jahwe den Juden auferlegt hatte. Zudem war es eine große Versuchung.

Die fremden Götter hatten ihren Gläubigen die Macht gegeben, Jahwes heilige Stadt Jerusalem zu erobern, seinen Tempel zu zerstören, das auserwählte Volk in die Gefangenschaft zu führen. Sie hatten die Macht, ihr Volk reich, frei und glücklich zu machen. Sie waren älter als Mose, älter als Abraham. Die Babylonier hatten eine heilige Stadt, Ur, die schon zu Abrahams Zeiten tausend Jahre alt gewesen war. Das babylonische Epos der Schöpfung ging, wie der Schöpfungsbericht im Buche Genesis, bis an den Anfang der Welt zurück.

Wir wissen aus der Geschichte, wie anfällig das jüdische Volk jederzeit für fremden Götzendienst war. Selbst nach den Wundern, die Gott beim Auszug aus Ägypten an den Kindern Israel getan hatte, opferten sie am Berge Sinai dem Goldenen Stier. Sogar Aaron, der Bruder Moses, ein Mann der geistigen Elite, war an diesem Abfall nicht ganz unschuldig.

Dazu muß die gepflegt dekadente Kultur der Weltstadt Babylon auf ein geistig so empfängliches Volk, wie die Juden es waren, einen außerordentlichen Eindruck gemacht haben. Babylon war immer schon ein Zentrum der Wissenschaft, der Religion, der Philosophie gewesen. Zu der religiösen Versuchung, die Macht der fremden Götter anzubeten, trat eine intellektuelle Versuchung, die nicht minder gefährlich war.

Hier in Babylon, zur Zeit des Königs Nebukadnezar, fand das erste Zusammentreffen zweier Mächte statt, die seitdem nicht aufgehört haben, miteinander zu streiten. Hier in Babylon trafen die Juden auf die hochentwickelte chaldäische Wissenschaft. Hier zum erstenmal trafen Glaube und Wissenschaft aufeinander.

Die Babylonier waren in der Mathematik weit fortgeschritten. Sie waren hervorragende Astronomen. Die Sterne wurden durchaus nicht von Gott bewegt. Sie bewegten sich nach festen mathematischen Gesetzen, von denen ein chaldäischer Galilei schon damals einige gefunden hatte. Nach diesen Gesetzen konnte man die Bewegungen der Gestirne berechnen. Wir haben allen Grund anzunehmen, daß die Chaldäer noch Kenntnis von uralten Weisheiten gehabt haben, die der Menschheit unterdessen verlorengegangen sind. Die Lehrstätten der Wissenschaft standen den jungen gebildeten Juden offen. Wenige Jahrhunderte später bemächtigten die Juden sich mit Eifer und Erfolg der griechischen Wissenschaft. Im Exil von Babylon haben sie dieser Versuchung widerstanden.

Etwas südlich der großen Prozessionsstraße wurde der Palast Belsazars ausgegraben. Belsazar war der Enkel des großen Nebukadnezar. Ich stehe auf den großen, glatten Steinplatten des Saales, in dem das berühmte Fest stattgefunden hat, das im 5. Kapitel des Buches Daniel beschrieben ist. Belsazar hatte die goldenen Gefäße aus dem Tempel Salomos, die Nebukadnezar aus Jerusalem geraubt hatte, herbeibringen lassen, um seine Tafel damit zu schmücken. Die Flammenschrift erschien an der Wand des Festsaals. Der König erbleichte. Die lärmende Gesellschaft verstummte. Keiner der chaldäischen Magier vermochte die Flammenschrift zu deuten. Daniel wurde geholt. Er, der machtlose, gefangene Jude, hielt dem mächtigen König von Babylon eine Rede, in der noch, wie der Nachhall eines Gewitters, etwas von dem Zorn Moses über die falschen Götter grollt. Daniel hielt Belsazar das Beispiel des großen Nebukadnezar vor, der sich vor Gott gedemütigt hatte.

»Und du, Belsazar, sein Sohn, hast dein Herz nicht gedemütigt ... sondern hast dich wider den Herrn des Himmels erhoben, und die Gefäße seines Hauses hat man vor dich bringen müssen, und du, deine Gewaltigen, deine Weiber, und deine Kebsweiber, habt daraus getrunken, dazu die silbernen, goldenen, ehernen, eisernen, hölzernen, steinernen Götter gelobt, die weder sehen noch hören, noch fühlen. Den Gott aber, der deinen Odem und alle deine Wege in seiner Hand hat, hast du nicht geehrt. Darum ist von ihm gesandt diese Hand und diese Schrift, die da verzeichnet steht. Das ist aber die Schrift, allda verzeichnet: Mene, Mene, Tekel, U-pharsin.

Und sie bedeutet dies: Mene, das ist: Gott hat dein Königreich gezählt und vollendet. Tekel, das ist: man hat dich in einer Waage gewogen und zu leicht gefunden. Peres, das ist: dein Königreich ist zerteilt und den Medern und Persern gegeben.«

Der König war großmütig genug, den Deuter des Geheimnisses mit einer goldenen Kette zu belohnen und zu erklären, daß er von nun an der Dritte Mann im Königreich sei. Dann kommt in der Bibel nur noch der eine Satz: »Aber in derselben Nacht ward der Chaldäer König Belsazar getötet.«

Wenig später nahm Cyrus der Große Babylon ein. Cyrus schritt die Prozessionsstraße zum Tempel des Gottes Marduk entlang. Er ergriff die Hände des Götterbildes. Das Volk war überzeugt, der Gott Marduk selbst habe Cyrus zum König von Babylon bestimmt.

Die Perser waren keine Assyrer mehr. Die vornehme iranische Kultur war sogar der babylonischen an Humanität überlegen. Cyrus schickte die verschleppten Völker in ihre Heimat zurück. Er befahl sogar, die heiligen Geräte aus dem Tempel Salomos wieder nach Jerusalem zurückzubringen. Dort blieben sie, bis der römische Feldherr Titus im Jahre 70 nach Christi Geburt Jerusalem zerstören mußte. Auf seinem Triumphbogen auf dem Forum in Rom sind einige der Geräte abgebildet. Wir wissen, wie der siebenarmige Leuchter Salomos ausgesehen hat.

Seit der Zeit des Titus geht kein rechtgläubiger Jude durch den Trimuphbogen des Mannes, der Jerusalem zerstört hat. Die nach Rom verbrachten Geräte aus dem Tempel von Jerusalem sind erst bei der Plünderung Roms durch die Wandalen verschwunden. Vielleicht besitzt die koptische Kirche noch etwas von diesen Kostbarkeiten. Man sagt, daß bis vor kurzem noch in den Gewölben der Grabeskirche in Jerusalem einiges vom Schatz des Königs Herodes aufgehoben worden sei. Darunter hätten sich die letzten erhaltenen Geräte aus Salomos Tempelschatz befunden. Wo diese Gegenstände, die der kriegerischen Verwicklungen in Palästina wegen in Sicherheit gebracht wurden, heute sind, ist unbekannt.

Die Großmut des Perserkönigs Cyrus hat nichts daran ändern können, daß der Staat Juda sich von der Eroberung durch Nebukadnezar jahrhundertelang nicht erholen konnte. Der Neubau des Tempels unter Serubabel war mit der Pracht des salomonischen Tempels nicht mehr zu vergleichen. Traurig wie zu allen Zeiten sprachen die alten Leute vom Glanz der Vergangenheit.

Das Exil hat die Juden gezwungen, sich auf das zu besinnen, was in der Welt zu verwirklichen ihre Aufgabe gewesen ist. Erst in der Babylonischen Gefangenschaft, nachdem sie Heimat, Eigentum, Vaterland und die heilige Tempelstätte Jahwes verloren hatten, machten die Juden endgültig zu ihrem festen Besitz, was an die ganze zivilisierte Menschheit weiterzugeben ihr geschichtlicher Auftrag war – ihren altüberlieferten Glauben an den einen, allherrschenden Gott.

Das einzige, was sie ins Exil hatten mitnehmen können, war dieser Glaube und das Gesetz Moses gewesen. Nicht einmal ihre Feste konnten sie in der Verbannung feiern. Sie konnten nicht opfern. Jahwe nimmt nur die Gaben des verheißenen und gelobten Landes. Damals bekam der Sabbat bei den Juden die Bedeutung, die er seitdem bei ihnen hat. Damals wurden die Juden zum »Volk des Buches«, wie noch Mohammed sie nennt. In diese Zeit auch gehen die Anfänge des Talmud zurück, des großen theologischen Kommentars zum Alten Testament.

An den Wassern von Babylon ist eine der großen Schlachten in der Geschichte des menschlichen Geistes geschlagen worden. Es waren Heimatlose, Verschleppte, ihrer Freiheit Beraubte, die im Unglück die Hoffnung nicht aufgaben, daß die alten Weissagungen sich erfüllten. Während Babylon zum Erbe der Igel und zum Wassersumpf geworden ist, hat die Menschheit das Erbe dieser Hoffnung angetreten.

In der Nacht ist Schnee gefallen. Es ist Ende November. Der Djebel Kasyun, der Berg Abrahams am Nordrand von Damaskus, blitzt in der Morgensonne. Der Tag, der unvergleichliche Tag, an dem ich Jerusalem sehen soll, ist gekommen.

Ob ich mein Ziel erreichen werde, ist bei der Abfahrt von Damaskus noch nicht sicher. In Palästina herrscht Krieg. Der Waffenstillstand ist ständig in Gefahr. Vor wenigen Tagen erst hat es an der Demarkationslinie der Vereinten Nationen einen ernsten Zwischenfall gegeben.

Durch Jerusalem läuft die Front. Das alte, von der Stadtmauer Sultan Solimans umschlossene Jerusalem, in dem Golgatha und das Heilige Grab liegen, ist in arabischer Hand. Der neue Teil der Stadt ist im Besitz der Israelis. Auf der westlichen Stadtmauer stehen die Soldaten der Arabischen Legion. Sie blicken in das Niemandsland, das sie von ihren Feinden trennt.

Das jordanische Visum zu bekommen war recht schwierig. Ich habe das nicht als Mangel an Gastfreundschaft empfunden. Ein Fremder, der auf dem Landweg von Damaskus nach Jerusalem will, fährt durch die arabische Etappe hindurch. Auch wenn er ein Pilger ist, kann man ihm nicht ansehen, ob er sich nicht für militärische Dinge interessiert. Die Leidenschaften der Kriegführenden sind erregt. Auf beiden Seiten herrscht ein finsterer, gnadenloser Haß. So konnte es, bei einer plötzlichen Veränderung der Lage, leicht eintreten, daß ich trotz meines Visums an der Grenze nicht durchgelassen würde.

Wir fahren durch die Gärten, Palmenwälder und Felder der Oase Damaskus. Dann beginnt wieder die Wüste. Die gut asphaltierte Straße verbindet Damaskus, die Hauptstadt Syriens, mit Amman, dem alten Philadelphia, der Hauptstadt des Hashemitischen Königreichs Jordanien.

Schon an der syrischen Grenzstation ist die Kontrolle zwar höflich, aber genau. An der jordanischen Grenzstation betrete ich das Gebäude, in dem die Pässe visiert werden. Im Office sitzt ein dicker, freundlicher Mann, der Typ eines Sergeanten. Er trägt die Uniform der von dem Engländer Glubb-Pascha aufgebauten Arabischen Legion. Noch jeden Sergeanten in jeder Armee der Welt hat es gefreut, als Kapitän angesprochen zu werden. Eine kleine List kann auch hier nicht schaden. »Morning, Captain!« Der dicke, freundliche Mann springt auf und begrüßt mich herzlich: »Morning, Sir!«

Was war? Er, fast immer als Sergeant angesprochen, war wirklich Kapitän. Er lud mich zu einem Mokka ein. Ich bekam meinen Stempel.

Als wir weiterfuhren und ich mich gerade befriedigt in meinen Sitz zurücklehnen wollte, durchfuhr mich ein kleiner Schreck. Fast wäre es ein Schwindel gewesen, mit dessen Hilfe ich das Heilige Land betreten hätte. Aber schließlich, die transjordanische Wüste ist noch nicht das Heilige Land, und der freundliche dicke Mann war ja wirklich Kapitän.

Bevor wir nach Amman kommen, passieren wir eines der vielen Lager, in denen die aus Palästina geflohenen oder vertriebenen Araber hausen. Die Vereinten Nationen stellen für ihre Ernährung vier Dollar pro Kopf und Monat zur Verfügung. Die Behausungen der Flüchtlinge bestehen aus leeren Ölkanistern, der Schale dessen, was der Reichtum des Vorderen Orients ist.

Amman liegt in einem tief eingeschnittenen Tal. Neben dem Amphitheater der römischen Stadt Philadelphia stehen Hochhäuser am Rand der Wüste. An den Berghängen wechseln die Villen der Vornehmen mit Höhlen, in denen die Armen wie in der Steinzeit hausen. Auf der Hauptstraße parken Hunderte von Autos. Meistens sind es große amerikanische Wagen. Vor den Caféhäusern drängen sich zwischen Zeitungsjungen, Straßenverkäufern, Lastträgern und jenen orientalischen Figuren, die zum Lobe des Daseins immer Zeit haben, Pferde, Esel und Kamele. Es herrscht ein unbeschreiblicher Lärm. Dieser Lärm hat etwas Fröhliches, etwas von der überquellenden Lust des Lebens. Es scheint, als hätten diese alten Völker keine Nerven. Allmählich vergißt auch der Franke, daß er Nerven hat.

Das Auto, mit dem ich gekommen bin, ist samt seinem Fahrer verschwunden. Ich habe keine Ahnung, ob und wie die Fahrt weitergehen wird. In der Tasche habe ich ein zerrissenes Stück Papier mit ein paar arabischen Zeilen, die ich nicht lesen kann. So bleibt mir Zeit, die schmalen, scharf geschnittenen Gesichter der Beduinen, die ihre Kamele die Straße entlangführen, zu betrachten. Bei dem wunderbaren Lärm huscht mir der Gedanke durch den Kopf, ob Beduinen Neurosen bekommen können. Es ist ein vollständig lächerlicher Gedanke.

Nach einer Stunde klopft mir ein freundlicher Mann, den ich noch nie gesehen habe, auf die Schulter und schiebt mich in ein Auto. Es stellt sich heraus, daß wir so lange gewartet haben, bis sieben zahlende Passagiere beieinander sind. Nur wenn jeder Platz im Auto besetzt ist, lohnt sich die Fahrt. Bei diesem Warten hätte es geschehen können, daß ich die ganze Fahrt durch das Jordantal im Dunkeln hätte machen müssen. Ich habe Glück. Einer der Beduinen im Auto hat ein Schäfchen auf dem Schoß.

Hinter Amman beginnen die so schmerzlich wohlbekannten Erscheinungen der Etappe – Brückenwachen unter Gewehr, Betonbunker auf der Ausfallstraße, Stacheldrahtverhaue, Verpflegungslager, Feldküchen und herumlungernde Soldaten. Viele Männer, wenig Frauen. In der Tasche ein Billett für zwanzig Dollar, fahre ich durch den Krieg.

Der Wagen klettert aus dem Tal von Amman heraus. Am Horizont taucht eine Hügelkette auf. Es sind die

Berge von Moab, die Hauptverteidigungslinie der Araber östlich des Jordan, die Berge, von denen aus Mose, ehe er sterben mußte, einen Blick in das Gelobte Land getan hat.

Jerusalem ist eine sehr alte Stadt. Bei Hesekiel, Kapitel 16, Vers 3, sagt der Herr von der Stadt Jerusalem, daß ihr Vater aus dem Geschlecht der Amoriter und ihre Mutter aus den Hethitern sei. Die älteste geschichtliche Nachricht, die wir von Jerusalem besitzen, ist zweihundert Jahre älter als die Eroberung der Stadt durch die Juden. Diese Nachricht findet sich in den Briefen, die Abd-Khiba, ein in Jerusalem residierender Vasall des Pharao Amenophis IV., an den ägyptischen Hof geschrieben hat. Amenophis IV. Echnaton ist der Begründer des Sonnenkultes in Ägypten. Seine Schwester war die Königin Nofretete.

Diese berühmt gewordenen Briefe sind im Archiv des Pharao in Tell el-Amarna gefunden worden. Danach werden sie die Amarnabriefe genannt. Sie sind in Keilschrift in babylonischer Sprache um die Wende des 15. zum 14. Jahrhundert geschrieben. In diesen Briefen bittet Abd-Khiba immer wieder um Hilfe gegen die Feinde des Pharao. Sie scheint nicht gewährt worden zu sein. Von dem Namen Abd-Khiba ist die erste Hälfte das semitische Wort für Sklave, die zweite der Name einer hethitischen Gottheit. Es gibt gute Gründe anzunehmen, daß Abd-Khiba der Repräsentant einer hethitischen Aristokratie gewesen ist, die damals in Mittelpalästina herrschte. Unter König Davids Paladinen sind zwei Hethiter. So wäre also die Angabe in Hesekiel 16,3 wörtlich zu nehmen. Schon zur Zeit Abd-Khibas war Jerusalem eine alte Stadt.

Der Name Jerusalems in den Amarnabriefen ist Urusalim. Dieser Name ist zur Hälfte sumerisch, zur Hälfte semitisch. Er bedeutet »Stadt des Friedens«.

Als die Juden ins Land kamen, war Jerusalem eine Festung der Jebusiter. Die Jebusiter waren Semiten. Die Eroberung Kanaans durch die Juden ist ein Vorgang, der sich über mehr als zweihundert Jahre erstreckt hat. Es war nicht eine rein militärische Eroberung. Lange Zeiten hindurch haben die Juden verhältnismäßig friedlich zwischen den alten Einwohnern des Landes gelebt. Dabei haben sie die eingesessene Bevölkerung unterwandert. Erst mit der Eroberung Jerusalems durch König David traten die Juden die volle Herrschaft an.

König Salomo baute den Tempel in Jerusalem. Die Bundeslade, die so lange durch die Wüste getragen worden war, fand eine feste Statt. Neben dem Tempel errichtete Salomo seinen prunktvollen Palast. Unter ihm ist die Stadt aufgeblüht. Es war die Zeit, in welcher die Juden, die als Wüstenbeduinen nach Kanaan gekommen waren, die überlegene phönizische Kultur übernahmen.

Jerusalem ist in seiner Geschichte unzählige Male

erobert und viele Male zerstört worden. Seine Glanzzeiten waren kurz, seine Elendszeiten lang und fürchterlich.

Die Stadt ist heute drei Weltreligionen heilig. Seit der Eroberung durch König David und dem Bau des Tempels Salomos ist Jerusalem die heilige Stadt der Juden. Sie wird es immer bleiben. Seit der Messias auf Golgatha ans Kreuz geschlagen wurde, ist Jerusalem ein Heiligtum der Christenheit. Seit der Eroberung durch den Islam und der Errichtung des Felsendomes ist Jerusalem eine heilige Stadt der Mohammedaner, deren Rang nur von Mekka übertroffen wird.

Den Kamm der Berge von Moab zu erreichen, braucht die Straße nur wenige hundert Meter anzusteigen. Dann geht es wieder ins Tal hinab, das Tal des Jordan. Die Straße folgt einem vielfach gewundenen kleinen Fluß. Am springenden Wasser des Flüßchens stehen Weiden und Buchen. Trotz der späten Jahreszeit sind sie grün. Die Hänge sind kahl und steinig. Das Bild erinnert an die Täler, die vom Kamm der Alpen nach Süden hinabführen.

An der Straße steht ein großes Schild mit der Aufschrift: »Sea Level«. Wir befinden uns auf Meereshöhe. Von jetzt an habe ich das Gefühl, daß die Straße unaufhaltsam in die Tiefe stürzt. Nicht nur, daß ich das weiß, innerhalb einer halben Stunde wird es im Wagen heiß. Wir öffnen die Fenster. Die hereinströmende Luft ist warm. Weiden und Buchen

verschwinden. Palmen tauchen auf. Daß eine be-
wohnte Landschaft vierhundert Meter unter dem
Meeresspiegel liegt, gibt es nur an dieser einzigen
Stelle der Erde.

Der Wagen biegt um eine vorspringende Bergnase.
Vor meinen Augen öffnet sich das Jordantal. Links
liegt die tief dunkelblau leuchtende Fläche des Toten
Meeres. An der Mündung des Jordan ins Tote Meer
treten die Berge von beiden Seiten hart an die Ufer
heran. Das Tote Meer hat die Größe des Genfer
Sees.

In den schroffen Klüften am Westufer des Toten
Meeres liegt Mâr Sâbâ, ein Kloster, in welchem der
heilige Sabas gelebt hat und gestorben ist. Seine Ge-
beine wurden von einem um den Ruhm seiner Vater-
stadt besorgten Venezianer nach Venedig gebracht.
Dort ruhen sie neben den sterblichen Überresten des
Apostels Markus, die aus Alexandria nach Venedig
übergeführt wurden. Im Kloster St. Sabas wurde die
Geschichte des indischen Prinzen Josafat aufge-
schrieben. Hier ist der heilige Johannes Chrysor-
rhoas von Damaskus gestorben und begraben.

Wir nähern uns dem Jordan. Ein schmaler Fluß, dessen Lauf von Gärten, Feldern und Palmenhainen begleitet ist. Auf dem anderen Ufer liegt ein Landstädtchen. Dahinter steigt steil der zerklüftete Westrand
des Jordantales auf. Hinter diesen nackten, wüsten
Bergen liegt Jerusalem. Die Sonne schickt sich an,
hinter dem Gebirge unterzugehen. Die Felszacken

der Osthänge beginnen, sich mit einer ersten abendlichen Röte zu färben.

Während ich noch in das Bild der Landschaft versunken bin, stößt mich mein freundlicher syrischer Nachbar an. Er scheint in der Biblischen Geschichte bewandert zu sein. Er weist auf das Städtchen und sagt lächelnd: »Jericho!«

Nichts kann bewegender sein, als wenn sich ein Name, der schon die Phantasie des Knaben beschäftigt hat, in einem Augenblick in eine geographische Realität verwandelt. Wie großartig ist das, was die Bibel über die Eroberung der Stadt durch Josua erzählt!

Sechs Tage lang umwandeln die Juden, jeden Tag einmal, die unersteigbaren Mauern der Stadt. Vorweg ziehen die Bewaffneten. Es folgen die Priester mit den Posaunen. Dann kommt die Bundeslade. Den Beschluß macht der Haufen des Volkes. Von den Mauern herab verhöhnen die Feinde diesen unglaublichen Zug. Am siebten Tag wird die Stadt siebenmal umwandelt. Dann werden die Posaunen geblasen. Das Volk erhebt ein Feldgeschrei. Die Mauern von Jericho stürzen ein.

Jericho ist die älteste Stadt, die es auf der Welt gibt. Archäologie und Vorgeschichte haben in gemeinsamer Arbeit nachgewiesen, daß dieser Platz seit dem zehnten vorchristlichen Jahrtausend ununterbrochen besiedelt war. Das Posaunenkonzert Josuas hat also, obwohl es eines der frühesten musikalischen

Ereignisse der Weltgeschichte ist, in einer für Jericho späten Zeit stattgefunden. Bei den Ausgrabungen sind einige der Steine von den Mauern, die vor Josuas Augen zusammenstürzten, zutage gefördert worden.

Wir halten vor der Brücke. Nachdem die Soldaten, die die Brücke bewachen, umständlich unsere Papiere geprüft haben, fahren wir über den Jordan. Um diese Jahreszeit hat der Fluß nicht viel Wasser, aber immer noch eine schnelle Strömung. Unweit dieser Brücke ist die Stelle, an der Johannes Jesus taufte.

Während wir in Jericho einen kleinen Halt machen, kommen die arabischen Legionäre aus dem Etappenkino, wo sie sich an Marylin Monroes Tugend erfreut haben. Dann fährt der Wagen wieder ins Gebirge hinein.

Auf der vielfach gewundenen Straße, die immer wieder einen Blick ins Jordantal freigibt, steigen wir ebenso schnell, wie die Sonne sinkt. Die Felswände des Ostufers haben sich in ein rotglühendes Band verwandelt. Die Farbvaleurs erinnern an Alpenglühen. Nur sind die Töne satter und leuchten kräftiger. Die Fläche des Meeres ist in ein totes Schwarz zurückgesunken. Nach einer halben Stunde erreicht die Straße den Kamm des Gebirges südlich des Ölbergs.

Vor mir liegt Jerusalem, von diesem Punkt aus, wie auf einem Bild, vollständig zu übersehen. Der Ein-

druck ist einfach und großartig. Was ich sehe, ist
»die hochgetürmte Feste Zion«. Das Bild entspricht
den Darstellungen frühmittelalterlicher Maler.
Gelegen auf einer Felsplatte, umgeben von tiefeinge-
schnittenen Tälern mit steil abstürzenden, grauen
Hängen, eingefaßt in eine gewaltige, von großen To-
ren unterbrochene Stadtmauer, innerhalb deren eng
und steil Paläste und Häuser, Kirchen mit mächtigen
Kuppeln, Türme und Minaretts sich drängen, ein
Menschenwerk, aufsteigend aus einer wilden und
zerklüfteten Berglandschaft, von den letzten Strahlen der untergehenden Sonne als Silhouette in den
Horizont gezeichnet, ragt die alte heilige Stadt gen
Himmel. Mag dieses Bild im Lauf der Geschichte
immer wieder sich verändert haben, selbst als Trüm-
merhaufen hat Jerusalem auf seiner Felsenhöhe seit
König Davids Zeit niemals aufgehört, die Feste Zion
zu sein, von der Jesaja sagt, daß der Herr da wohne.
Nichts scheint bei diesem Anblick einleuchtender,
als daß diese irdische Stadt das Abbild eines himmlischen Jerusalem ist.
Durch viele, viele Jahrhunderte hindurch haben Pilger, nach den Mühsalen der Fahrt zum Heiligen
Land, ergriffen vor diesem das Herz bewegenden
Anblick gestanden. Manch fromme Seele mag,
wenn in ihrer letzten Stunde die Schönheit des irdi-
schen Jerusalem aus der Erinnerung auftauchte, die
Hoffnung geschöpft haben, der Schönheit des
himmlischen Jerusalem ansichtig zu werden.

Als ich zurückflog, habe ich das Bild Jerusalems noch einmal gesehen, wie die Adler es seit König Davids Zeit gesehen haben. Aus dieser Perspektive ist Jerusalem eine drohende Festung in einer zerrissenen Mondlandschaft von erhabener Verlassenheit – ein Werk des Menschen inmitten der Schöpfung. Man kann sich keinen adäquateren Schauplatz vorstellen für jene Ereignisse, welche vor zweitausend Jahren die Peripetie der Geschichte herbeigeführt haben und nicht aufhören werden, auf der Welt zu wirken, solange sie währt.

Die Fahrt endet in der Dämmerung am Damaskustor, dem nördlichen Tor der Stadtmauer von Jerusalem. Unmittelbar neben dem Toreingang beginnen die Drahtverhaue der Fronten.

DIE HEILIGEN STÄTTEN

Durch das Damaskustor betrete ich am nächsten Morgen die Stadt Jerusalem. Der Tag ist trüb und kalt. Es regnet. Die Gassen sind eng und dunkel. Die Häuser sind aus Stein erbaut. Der Stein ist von einer dem Auge angenehmen dunkelgrauen Farbe. Ab und zu spannt sich ein gemauerter Bogen über den Weg. In den Gewölben sitzen Handwerker und

Händler. Häufig sind die Gassen von Treppen unterbrochen. Deshalb gibt es innerhalb der Stadtmauer keine Automobile. Ich fühle mich um Jahrhunderte in die Vergangenheit zurückversetzt.

Im ganzen alten Jerusalem gibt es zur Zeit keinen einzigen Juden. Das ist in der Geschichte schon mehrere Male vorgekommen. Sowohl nach der Eroberung der Stadt durch Titus als auch nach der durch Hadrian wurde den Juden das Betreten der Stadt bei Todesstrafe verboten.

Den Christen ist nach der endgültigen Rückeroberung Jerusalems durch die Araber am Ende der Kreuzzüge im Jahre 1291 der Zutritt zu den heiligen Stätten sehr bald wieder gestattet worden. Nur das von den Arabern aufgehobene römische Patriarchat von Jerusalem wurde nicht wieder zugelassen. Von 1291 an residierte der römische Patriarch von Jerusalem fünfhundert Jahre lang in Rom. 1847 wurde er in Jerusalem wieder eingesetzt. Mit dem Amt des Patriarchen ist das Amt des Wächters des Heiligen Landes verbunden. Dieses Amt wird vom Haupt der Franziskaner Syriens, Palästinas und Ägyptens versehen. Die Franziskaner sind der einzige Orden, der ohne Unterbrechung seit der Zeit der Kreuzzüge an den heiligen Stätten tätig war.

Während ich nachdenklich die Gasse entlangschreite zwischen Händlern, Eseln und Soldaten, zwischen Beduinen und Armeniern, zwischen abessinischen und griechischen Mönchen, sehe ich an einer Ecke eine Nonne und ein junges Mädchen knien. Sie beten vor einer Marmortafel mit der Inschrift: HIC CRUX AD SYMONEM CYRENAEUM IMPOSITUR. An dieser Stelle wurde das Kreuz dem Symon von Kyrene aufgelegt. Es ist die fünfte Station der Via Dolorosa, der Schmerzensstraße der Passion. Die Via Dolorosa endet in der Kirche des Heiligen Grabes.

Jerusalem ist seit den Tagen Jesu zehnmal erobert und dabei fünfmal vollständig zerstört worden. Schon bei der Belagerung durch Titus, 70 nach Christi Geburt, gingen Stadt und Tempel in Flammen auf. Bei der Niederwerfung des Aufstandes Bar Kochbas, den Rabbi Akiba für den Messias erklärt hatte, wurde die Stadt wiederum vollständig zerstört. Hadrian gründete auf den Trümmern eine neue Stadt, die er nach dem Namen seiner Familie Aelia Capitolina nannte. Das Heilige Grab wurde mit einer Terrasse übermauert. Auf dieser Terrasse wurde ein Tempel der Venus errichtet.

Zweihundert Jahre später kam die Kaiserin Helena nach Palästina. Sie baute Kirchen an fast allen Plätzen, die mit dem Leben und dem Tod Jesu in Zusammenhang stehen. Das Heilige Grab wurde wiederentdeckt.

Eusebius von Caesarea, der Kirchenhistoriker, der zu jener Zeit lebte, schreibt mit der ganzen Skepsis des Gelehrten, daß das Heilige Grab »wider aller Erwartung« gefunden worden sei.

Mit dieser Feststellung des Eusebius beginnt der wissenschaftliche Streit um die Echtheit des Heiligen Grabes. Er ist seitdem weder zur Ruhe gekommen, noch konnte er entschieden werden.

Der Einfall, daß der einzige überlebende Zeuge des Todes Jesu, Ahasver der ewige Jude, der Kaiserin Helena im Traum erschienen sei und ihr die Stelle des Grabes gezeigt habe, ist nicht weniger geistreich als der Hinweis des Honourable Reverend George Finlay, daß es für den Kaiser Konstantin ein leichtes gewesen sein müsse, die Lage des Grabes aus den Tabellen des römischen Census feststellen zu lassen. Das Grab hatte zum Privatbesitz des Josef von Arimathia gehört. Der römische Fiskus ist in der Vermessung und Besteuerung von Grundstücken von geradezu moderner Präzision gewesen. Aber Ahasver ist kein archäologisches Argument, und die Tabellen des römischen Census wurden, wie Sueton und Tacitus uns versichern, bei den Bränden Roms unter Nero und Vespasian vernichtet.

Im Jahre 614 wurde Jerusalem vom Perserkönig Chosroes zerstört. 637 wurde es vom Kalifen Omar, 1072 von den Selçuken, 1099 von den Kreuzfahrern erobert. 1187 nahm Sultan Saladin den Franken Jerusalem wieder ab. 1617 fiel es in die Hände der osmanischen Türken. 1917 zog die englische Armee in Jerusalem ein. In unserer Zeit eroberten es die Araber von den Israelis. Selbst diese Liste des Schreckens enthält noch nicht alles

Unglück, das die Stadt seit dem Tode Jesu getroffen hat.

Nach den Erfahrungen der Archäologie liegt die Stadt Jerusalem, in welcher Jesus gelebt hat, unter wenigstens zwanzig Metern Schutt. Nun ist aber Jerusalem auf einer von Schluchten zerrissenen Felskuppe erbaut. Zwar sind sogar diese Schluchten im Lauf kriegerischer Ereignisse gelegentlich mit Schutt gefüllt worden, aber einige der Felskuppen ragen aus den Schuttmassen heraus. Da gerade die Felskuppen historisch wichtige Plätze sind, ist die Bestimmung einiger archäologischer Punkte auf wenige Möglichkeiten eingeschränkt.

Wir wissen, wo die Burg Davids gestanden hat. Wir wissen, wo der Tempel Salomos gestanden hat. Wir wissen, daß die Kirche zum Heiligen Grab an derselben Stelle steht, an der Kaiser Konstantin die erste Basilika erbaut hat. Wir wissen sogar, wie diese Basilika ausgesehen hat. Die Archäologen haben ihr Bild rekonstruiert. Die an das Langschiff sich anschließende Rotunde, in der die Kapelle des Heiligen Grabes steht, ist in St. Michael in Fulda nachgebildet worden. Auch sind heute die Archäologen und Historiker überwiegend der Meinung, daß der Felsen, über dem die Grabeskirche steht, tatsächlich Golgatha ist.

Golgatha lag »außerhalb der Mauer, nahe bei der Stadt«. Archäologisch handelt es sich um die Frage, ob die von Nehemia nach der Babylonischen Gefangenschaft erbaute Mauer zur Römerzeit noch immer die Stadtmauer gewesen ist. Der Verlauf der Mauer Nehemias ist bekannt. Sie läuft südlich von Golgatha entlang. Wenn die Mauer Nehemias zur Römerzeit noch immer die Stadtmauer war, ist der Felsen unter dem Dach der Grabeskirche das historische Golgatha.

Die Archäologie Jerusalems füllt Bibliotheken. Es kann kein aufregenderes und auch kein wichtigeres Thema geben. Nur sollte diese vortreffliche Wissenschaft, wenn sie eine Frage in anderthalbtausend Jahren nicht hat entscheiden können, es vermeiden, von frommem Betrug zu sprechen, wo geglaubt wird, was sie nicht weiß.

Die Skepsis der Wissenschaft ist nicht fähig, und freilich auch nicht befugt, Symbole zu verstehen. Die Via Dolorosa hat, wie aus den Berichten der Pilger hervorgeht, im Lauf der Jahrhunderte ihren Ort mehrfach gewechselt. Aber die Passion hat in Jerusalem sich ereignet. Anderthalbtausend Jahre frommer Verehrung sind auch eine historische Tatsache. Es ist nicht anzunehmen, daß Verehrung dem Himmel weniger wohlgefällig ist als wissenschaftlicher Streit. Ein vortrefflicher Archäologe des 19. Jahrhunderts hat gesagt: »In Jerusalem ist alles historisch.«

Die Kirche zum Heiligen Grab in ihrer heutigen Gestalt stammt aus der Zeit der Kreuzzüge. Sie ist seitdem vielfach beschädigt worden. Sie ist ständig durch Erdbeben gefährdet. Im Jahre 1808 ist sie von einer schweren Feuersbrunst heimgesucht worden.

In der Mitte der ausgedehnten Anlage liegt die eigentliche Grabeskirche, umgeben von einem Kranz von Kapellen, die zur Heilsgeschichte in Beziehung stehen. Eine dieser Kapellen ist über dem Felsen von Golgatha errichtet. Um den Mittelteil der Anlage gruppieren sich Klosterzellen verschiedener Mönchsorden, die Sakristeien der christlichen Bekenntnisse, die Residenz des griechisch-orthodoxen Patriarchen und eine Anzahl weiterer Kapellen, darunter die der Auffindung des Kreuzes. Insgesamt mögen es hundert Räume sein.

Unter dem Dach der Kirche zum Heiligen Grab sind, an dieser einzigen Stelle der Welt, alle christlichen Bekenntnisse vereinigt. Die Zwiste, die dabei zuweilen entstanden sind, braucht man nicht allzu ernst zu nehmen. Das Motiv dieser Streitigkeiten war immer die Übertreibung einer Tugend, der Tugend der Frömmigkeit. Den Spott der Moslems freilich haben diese Zwiste oft genug herausgefordert.

Die Kirche ist von keiner Stelle aus in ihrem Gesamtbild zu übersehen. Nur vor dem Südportal, durch das man sie betritt, ist ein freier Platz. Der Eindruck der aus grauen Steinen gemauerten Fassade ist der einer frühromanischen Kirche. Am Eingang ist ein Tribut an Sultan Saladin zu entrichten. Die Bewachung der Grabeskirche ist ein Privileg, das seit dem

Ende der Kreuzzüge in einer Moslemfamilie vom Vater auf den Sohn vererbt wird.

Im großen Vorraum der eigentlichen Kirche liegt der Stein, auf dem Joseph von Arimathia und Nikodemus den Leichnam Jesu gesalbt und in Linnentücher gehüllt haben. Der Stein gehörte im 15. Jahrhundert den Kopten, im 16. Jahrhundert den Georgiern. Später kam er unter den Schutz der griechisch-orthodoxen Kirche.

Den letzten fünf Stationen der Passion folgend, wende ich mich nach rechts, steige etwa zwanzig Stufen hinauf und komme in eine Doppelkapelle. In der ersten Kapelle ist der Ort, wo Jesus ans Kreuz geschlagen wurde. Die zweite Kapelle ist über dem Felsen Golgatha errichtet. Eine in Silber gefaßte Vertiefung im Stein ist die Stelle, an der das Kreuz gestanden hat.

Unter der Kapelle von Golgatha liegt, in den Felsen gehauen, eine Höhle, in der, nach einer tiefsinnigen Überlieferung, Adam begraben war. Als das Blut des Erlösers durch eine Felsspalte auf Adams Leichnam hinabfloß, sei er zum Leben erwacht. »... Die Gräber taten sich auf, und standen auf viele Leiber der Heiligen, die da schliefen, und gingen aus den Gräbern nach seiner Auferstehung und kamen in die Heilige Stadt und erschienen vielen.«

Das Innere der Grabeskirche ist düster. Zum Schutz gegen einen möglichen Artilleriebeschuß sind Bogen und Wände mit starken Holzgerüsten abgestützt.

Frei unter der Kuppel der Kirche steht eine Marmor-kapelle. Sie hat einen kleinen Vorraum, die Kapelle der Engel. In ihr steht der Stein, den die Engel vom Eingang des Grabes wälzten. Dahinter liegt das Heilige Grab. Die Tür ist niedrig. Wer auch immer diesen Raum betreten will, muß sein Haupt beugen. Die Wände sind aus Marmor. Weihrauch füllt den Raum. Von der Decke hängen dreiundvierzig kostbare Ampeln herab. Alle Konfessionen der Christenheit verharren in Verehrung vor dem Stein, auf dem der Leichnam des Erlösers im Grab gelegen hat. Mönche und Nonnen knien oder liegen, tief ins Gebet versunken, auf dem Boden.

Kein Platz auf der Welt ist so lange ohne Unterbrechung im Bewußtsein der Menschen lebendig gewesen, an keiner Stätte hienieden sind so viele Gebete zusammengeströmt wie hier an der vierzehnten, der letzten Station der Via Dolorosa, dem Ende des Leidensweges Christi. Während hier sein Leichnam lag, war er niedergestiegen zum Totenreich. Hier ist er auferstanden.

Nicht einmal die Jünger hatten das Wunder glauben wollen. Davon ist ein alter Brauch geblieben. Wenn am Tag der Auferstehung die Priester den um die Grabkapelle versammelten Gläubigen das

»Χριστός ἀνέστη – Christós anéste«

zurufen, antwortet die Gemeinde:

»Ἀληθῶς ἀνέστη – Alethōs anéste«.

Christus ist auferstanden!

Wahrhaftig, er ist auferstanden!

Am Fuß des Ölbergs, jenseits des Baches Kidron, liegt der von einer Mauer umgebene Garten Gethsemane, daneben eine Kirche und ein Kloster der Franziskaner. Aus Berichten von Pilgern wissen wir, daß Gethsemane schon im 4. Jahrhundert an dieser Stelle angenommen worden ist. Die Lage stimmt mit den Angaben der Bibel überein. Vom Garten Gethsemane aus sieht man Jerusalem liegen. Aus dieser Tiefe gesehen, steigt es drohend in den Himmel hinauf. Zu Jesu Zeiten ragte der Tempel über die Stadtmauer empor. Durch das Goldene Tor der Mauer war Jesus, von der jubelnden Menge begleitet, am Psalmsonntag in Jerusalem eingezogen. Sie riefen: »Hosianna! Gelobt sei, der da kommt in dem Namen des Herrn, der König von Israel!« Noch glaubten die Juden, daß das Reich, das Jesus aufrichten werde, ein Königreich irdischer Macht und irdischer Herrlichkeit sei. Bis ins 8. Jahrhundert zog alljährlich der griechische Patriarch von Jerusalem, auf einer Eselin reitend, durch das Goldene Tor in Jerusalem ein. Im Jahre 810 wurde es von den Arabern zugemauert. Es gab bei ihnen eine alte Prophezeiung, durch dieses Tor werde an einem Freitag ein christlicher Eroberer in die Stadt einziehen. Diese schlichten Seelen meinten, durch eine Ziegelmauer den Lauf der Geschichte aufhalten zu können.

Daß Jesus, der von der Polizei des Hohenpriesters gesucht wurde, so nahe bei Jerusalem blieb, brauchte die Jünger nicht zu verwundern. Es müssen unglaubliche Massen von Menschen gewesen sein, die zum Passahfest in Jerusalem zusammenströmten. Ein römischer Gouverneur ließ einmal die zur Opferung im Tempel bestimmten Passahlämmer zählen. Es waren, wie der Geschichtsschreiber Josephus berichtet, zweihundertsiebzigtausend.

Im Garten Gethsemane stehen acht Ölbäume. Es sind mächtige, gedrungene, von tiefen Rissen und Schrunden zerfurchte Stämme. Viele Male mag der Blitz in sie gefahren sein. Sie sehen wie verwitterte Felsen aus, nur daß ihnen die frischen Zweige mit den glatten, blaugrünen, lanzettförmigen Blättern entsprießen. Die Bäume sind von außerordentlichem Alter. Der älteste von ihnen hat einen Umfang, der größer ist als der des berühmten, als historisch geltenden Ölbaums des Plato an der Straße von Eleusis nach Athen. So ist es wohl möglich, daß dieser graue alte Baum ein überlebender Zeuge des Geschehens jener Nacht ist, in der Jesus der menschlichsten seiner Anfechtungen, der Furcht des Herzens, preisgegeben war.

Nur zwei Wegstunden von Jerusalem entfernt liegt Bethlehem, die Stadt, in der das Zeitalter, in welchem wir leben begonnen hat. Der Name Bethlehem ist alt. Er bedeutet »Platz des Brotes«. Über Jahrtausende hat der Name sich unverändert erhalten. Als Jesus von sich sagte, daß er das Brot des Lebens sei, mögen seine Jünger an den Ort seiner Geburt gedacht haben.

In Bethlehem hat sich die bezaubernde Liebesgeschichte zwischen Ruth und Boas abgespielt, die uns im Buche Ruth berichtet wird. Ruths und Boas' Sohn Obed ist der Großvater König Davids. Da Joseph aus Davids Stamm war, war Bethlehem der Ort, an den er sich zu der vom Kaiser Augustus befohlenen Volkszählung zu begeben hatte. So ist es gekommen, daß Jesus auf der Wanderschaft geboren wurde.

Bethlehem ist ein bescheidenes Landstädtchen. Da die Straße von Jerusalem nach Bethlehem durch israelitisches Gebiet führt, haben die Jordanier eine Umgehungsstraße gebaut. So nähert man sich heute der Stadt vom Osten, vom Tale her.

Hingebreitet über einen vorspringenden Bergsattel, dessen Hänge, von Gärten und Olivenhainen bestanden, sanft abfallen, ist Bethlehem eine heitere Stadt. Dank der Pilger, die aus aller Welt hierherkommen, ist das Städtchen von freundlicher Wohlhabenheit. Seine Bewohner sind Bauern und Hirten.

Über der Grotte, in der Jesus geboren wurde, hat Kaiser Konstantin im Jahre 330 eine herrliche Kirche errichten lassen. Obwohl auch Bethlehem einige Male zerstört worden ist, die Kirche ist erhalten geblieben. Sie ist eine der ältesten der Christenheit.

Im Laufe der Jahrhunderte wurden an der Basilika Konstantins zahlreiche Gebäude angefügt. So ist das ursprüngliche Bild der Kirche von außen heute nicht mehr zu erkennen. Das Innere ist im wesentlichen in der ursprünglichen Form erhalten geblieben.

Die den Geist der Gelehrten und das Gemüt des Pilgers auch hier fesselnde Frage, ob dies nun der historische Platz der Geburt Jesu sei, ist nicht so schwierig gelagert, wie das bei solchen Fragen in Jerusalem der Fall ist. In den Evangelien wird zwar nichts von einer Grotte gesagt. Lukas erzählt, Maria habe das Kind in eine Krippe gelegt, denn sie hatten sonst keinen Raum in der Herberge. Diese Krippe kann sehr wohl in einer Grotte gestanden haben. In der Umgebung Bethlehems gibt es zahlreiche solcher Höhlen. Die Hirten retten sich bei plötzlichen Gewittern mit ihren Schafen und Ziegen in ihren Schutz. Heute werden diese Grotten von arabischen Flüchtlingen bewohnt.

Die erste Erwähnung der Geburtsgrotte verdanken wir Justin, dem Märtyrer. Das ist im Jahre 155. Einhundertfünfzig Jahre sind eine Zeitspanne, die im gewöhnlichen Leben durch mündliche Überlieferung leicht überbrückt wird. Es sind nicht mehr als drei Generationen. In dem Haus, in dem mein Urgroßvater 1773 geboren wurde, habe ich als Knabe meine Ferien verbracht.

Der Kirchenvater Origenes erörterte, etwa um das Jahr 250, ausführlich die Frage der Echtheit des

Platzes. Er sagt, sogar die Feinde des Glaubens gäben zu, daß dies die Grotte der Geburt Jesu sei.

Der heilige Hieronymus hat vom Jahre 386 bis zu seinem Tode im Jahre 420 in Bethlehem gelebt. Hieronymus hat die Bibel ins Lateinische übersetzt. Er ist uns wohlbekannt durch den entzückenden Stich Dürers »Der heilige Hieronymus im Gehäuse«. Zu den Füßen des Heiligen liegt ein Löwe. Niemals auf Erden wieder hat es einen Löwen gegeben, der so lieb ausschaut wie dieser treue Zellengenosse Hieronymi. Der Kirchenvater versichert, der Platz sei historisch. Jedenfalls ist diese Überlieferung eine der ältesten in der Geschichte des Christentums.

Im Jahre 614 verwüstete der Perserkönig Chosroes ganz Palästina. Die Grabeskirche in Jerusalem ging in Flammen auf. Chosroes kam nach Bethlehem, um auch die Kirche der Geburt zu zerstören. Auf einem Mosaik an der Außenwand der Kirche, auf dem die Anbetung der Drei Weisen aus dem Morgenland dargestellt war, entdeckte Chosroes, daß die Weisen in persische Gewänder gekleidet waren. Er ließ die Kirche unberührt.

Vor der Kirche der Geburt ist ein weiter, freier, mit Steinplatten ausgelegter Platz. An der Längsseite türmen sich festungsartige Mauern. Die Schmalseite wird von der Fassade des Atriums der Kirche eingenommen. Die Portale sind bis auf eine niedrige Tür zugemauert. Die Längsachse der Kirche verläuft von Westen nach Osten.

Die Kirche der Geburt ist gemeinsamer Besitz der griechischen, der armenischen und der römischen Kirche. Auf ihrer Nordseite erhebt sich eine mit einem Franziskanerkloster verbundene römische Kirche, die der heiligen Catharina geweiht ist. Auf der Südseite schließen sich das armenische und das griechische Kloster an die Kirche an. Die Geburtskirche ist im Inneren von schöner Einfachheit. Ihr Grundriß ist ein Kreuz. Der Langbau hat fünf Schiffe. Das Mittelschiff wird von zwei Reihen alter Säulen mit korinthischen Kapitellen begrenzt. An diesen Säulen finden sich Spuren mittelalterlicher Malereien. In der Höhe, an den Wänden über den Säulen, sind einige Mosaike aus dem 12. Jahrhundert erhalten geblieben, auf denen die Apostel ohne Heiligenschein dargestellt sind.

Die Grotte der Geburt liegt unter dem reichgeschmückten Altar. Zwei Treppen rechts und links des Altars führen durch Marmorportale hinab in die Tiefe, hinab in die Höhle, in der Jesus Christus das Dunkel der Welt erblickt hat.

Die eigentliche Geburtsgrotte ist klein und niedrig. Wände und Fußboden hat man mit Marmor verkleidet. In einer Nische steht an der Stelle der Geburt ein Altar, unter dem ein silberner Stern in den Boden eingelassen ist mit der Inschrift: HIC DE VIRGINE MARIA JESUS CHRISTUS NATUS EST. Wie in der Kapelle zum Heiligen Grab, hängen von der Decke kostbare Ampeln herab, in deren Bedienung die verschiedenen christlichen Bekenntnisse sich teilen. Vor dem silbernen Stern knien zwei Nonnen, neben ihnen, auch er im Gebet, ein Beduine.

Von der Grotte der Geburt führt ein Gang nach Westen. An seinem Ende ist eine Aushöhlung im Felsen, aus der zum Gebrauch der Heiligen Familie eine Quelle entsprungen ist. Seit dem 15. Jahrhundert wird erzählt, daß der Stern, der die Weisen aus dem Morgenland geführt hatte, in diese Quelle gefallen sei, aber nur von Jungfrauen gesehen werden könne. Was auch immer Skeptiker sagen mögen, seit fünfhundert Jahren hat keine fromme Jungfrau da hineingeblickt, ohne den Stern zu sehen.

Der Gang biegt dann nach Westen um zu der Stelle, an der der Engel des Herrn dem Joseph im Traum erschien und ihm befahl, mit Maria und dem Kind nach Ägypten zu fliehen. Die Art, wie in dieser Grotte jedem einzelnen Ereignis, das in der Bibel erwähnt wird, sein Platz zugewiesen ist, hat in ihrer Einfalt etwas Rührendes.

In einem weiteren Seitengang liegt das Grab des heiligen Hieronymus und dahinter die Zelle, in der er, von seinem Löwen bewacht, die Bibel übersetzte und seine zahlreichen Briefe in alle Welt schrieb. Die ganze unterirdische Anlage liegt im Bereich des Chors der Kirche.

Vom Kirchplatz aus sieht man in das Tal hinunter, in dem den Hirten die Geburt des Heilands verkündet wurde.

Seit der Zeit des Kaisers Konstantin ist in Jerusalem gebaut worden. Durch alle Jahrhunderte hindurch hat die Christenheit in dieser Stadt immer wieder Kirchen, Klöster, Hospize und Herbergen errichtet. In der Zeit der Kreuzritter kamen noch Befestigungswerke hinzu. Immer wieder sind die Bauten der Zerstörung anheimgefallen. An manchen Stellen ist an ein und demselben Platz mehrere Male hintereinander eine neue Kirche auf den Trümmern der alten errichtet worden.

In einer Stadt, die so vielen Religionen heilig ist, haben es die Archäologen schwer. Nur selten dürfen sie da graben, wo sie graben möchten. An einer Stelle haben sie eine Ausgrabung gemacht, die, so einfach sie zwischen all der Pracht und Großartigkeit der Bauten Jerusalems erscheinen mag, merkwürdig und erregend ist. Es ist die Treppe, die zum Teich von Bethesda hinabführt. Der Teich von Bethesda wird im 5. Kapitel des Johannesevangeliums erwähnt.

Das ummauerte Wasserbecken, an dem die Szene sich abgespielt hat, und die Treppe, die zu ihm hinabführt, sind von den Archäologen ausgegraben worden. Wie zu erwarten war, liegt das Becken zwanzig Meter unter der Oberfläche der jetzigen Stadt. So schwer es in Jerusalem ist, einen Platz zu finden, der zuverlässig als historisch gesichert betrachtet werden kann, hier ist das der Fall. Hier ist eine Stelle, an der Heilsgeschichte, Überlieferung und Archäologie re vera zur Übereinstimmung kommen.

Drei Stufen der Treppe, die zum Teich von Bethesda hinabführen, sind aus Mörtel gemauert, der mit dikken, glattgeschliffenen Kieselsteinen gemischt ist. Von diesen drei Stufen läßt sich mit Sicherheit sagen, daß sie zu der Treppe gehören, die zu Jesu Zeiten zum Teich von Bethesda hinabgeführt hat. Diese drei alten Steinstufen, vom Regen glänzend, im Lauf einer langen, langen Zeit von Tausenden von Füßen geglättet, diese drei alten Steinstufen in der Stadt Jerusalem ist Jesus Christus, der Sohn Gottes, hinabgeschritten ...

Vom Tempel König Salomos ist nichts erhalten geblieben. Doch kennen wir, durch die Beschreibung im Alten Testament, kaum ein Bauwerk des Altertums so genau wie diesen Tempel. Die Grundmauern des Tempels Salomos könnten freigelegt werden, wenn die Archäologen den Spaten im Haram-esh-Sherif ansetzen dürften. Das ist unmöglich. Es fragt sich, ob es ein Nachteil ist, daß es auf Erden noch einige Stellen gibt, wo der Neugier der Wissenschaft Grenzen gesetzt sind.

Den Tempel des Herodes beschreibt Josephus. Außerdem gibt es noch eine Beschreibung im Kodashim des babylonischen Talmud aus dem 2. Jahrhundert. Wahrscheinlich stand der Altar vor dem Tempel des Herodes auf dem heiligen Felsen. Das Heiligtum selbst war aus weißem Stein erbaut. Josephus gibt für die Größe der einzelnen Steine zwölf Meter mal zwei Meter mal sechs Meter an. Das waren also enorme Blöcke. Die Front des Baus war ebenso breit wie hoch, etwa fünfzig Meter im Geviert. Sie war ganz und gar mit Gold überzogen. Wenn der erste Strahl der über den Bergen von Moab aufgehenden Sonne das goldene Dach des Tempels traf, muß das ein grandioser Anblick gewesen sein. Das ganze Dach war mit goldenen Spitzen bedeckt, damit die Vögel den Bau nicht verunreinigen konnten.

Das Allerheiligste des Tempels wurde vom Hohenpriester nur einmal im Jahr zum Fest der Versöhnung betreten. Als Pompejus die Stadt erobert hatte, begab er sich, zum Schrecken der Juden, sogleich in den heiligen Tempelbezirk. Das war jedem, der nicht gläubiger Jude war, bei Todesstrafe verboten. Eine Tafel, auf der dieses Verbot in griechischer Sprache eingemeißelt ist, ist erhalten. Sie befindet sich im Museum in Konstantinopel.

Der Schrecken der Juden verwandelt sich in vollständige Verwirrung, als Pompejus das Heiligtum selbst betritt. In dieser Szene, ein halbes Jahrhundert vor der Geburt Jesu Christi, treffen zwei Welten aufeinander. Der große Pompejus, Herr des Ostens, der mächtige Triumvir, der mit Cäsar und Crassus das römische Weltreich beherrschte, er, der das Genie Cäsars, aber nicht sein Glück hatte, ein hochgebildeter Mann, als glänzender Feldherr tief beeindruckt von der unglaublichen Tapferkeit dieses kleinen jüdischen Volkes, das gegen das Weltreich rebelliert hatte, war während der Belagerung zu der Überzeugung gekommen, daß es der Glaube an den Gott Jahwe war, der diesem Volk die Kraft gab, gegen alle Widerstände an seinem Gesetz, der Thora, festzuhalten. Pompejus will wissen, wer dieser Gott ist.

In der glänzenden Rüstung eines römischen Patriziers schreitet Pompejus mit seinem streng gefurchten, von Saturn gezeichneten Gesicht durch die abgerissene, ärmliche, halbverhungerte Menge der Besiegten. Unter dem schweigenden Entsetzen der Juden betritt er das Tempelgebäude und hebt den Vorhang vor dem Allerheiligsten.

Das Allerheiligste ist leer. Gott ist unnahbar, unnennbar, unvorstellbar, unsichtbar.

Der Blitz Jahwes hat nicht eingeschlagen, aber der römische Feldherr in seiner glänzenden Rüstung, der schweigend durch die Menge das Heiligtum verläßt, ist nicht mehr der Sieger. Der Feldherr Pompejus ist, lange bevor das römische Weltreich den Höhepunkt seiner Macht erreicht, der erste Römer, dem eine Ahnung aufgegangen ist, daß ein neues Zeitalter heraufziehe.

Pompejus war von seinem Erlebnis so beeindruckt, daß er die Schätze des Tempels unberührt ließ. Von diesem Tage an begann der Stern seines Ruhmes zu sinken. Kurz danach erschien der tüchtige und habgierige Crassus in Jerusalem. Er plünderte den

Tempel aus. Wenig später verlor er seinen Krieg gegen die Parther und kam dabei zu Tode.

Hundert Jahre später wurde der Tempel, den König Herodes unterdessen erbaut hatte, bei der Eroberung Jerusalems durch Titus zerstört. Seitdem betritt kein rechtgläubiger Jude mehr den Tempelbezirk, aus Furcht, er könne die Stelle entweihen, an der das Allerheiligste gestanden hat. Im Bewußtsein der gläubigen Juden hat das Allerheiligste des Tempels noch immer eine reale Existenz.

Von der Grundmauer des Tempels ist an der nach der Stadt zu gelegenen Seite ein Stück stehengeblieben. Das ist die Klagemauer, an welcher die Juden das Schicksal Zions seit Jahrhunderten beweinen. Schon der Pilger von Bordeaux, der im Jahre 333 in Jerusalem war, berichtet von dieser Sitte. Zur Klagemauer steigt man viele Stufen hinab. Die alten Steine sind glatt geschliffen von den Händen, die sie gestreichelt, von den Lippen, die sie geküßt, von den Stirnen, die sich schmerzvoll gegen sie gelehnt haben. Heute ist an diesen allerletzten Steinen, die von der Herrlichkeit der Vergangenheit übriggeblieben sind, die Klage der Juden um Zion verstummt.

Namen haben Patina. Namen leuchten von den Spuren der Zeit, die über sie hinweggegangen ist. Sinai! Was für ein Wort! Dieser Berg tritt nur ein einziges Mal in einem ganzen Erdzeitalter aus der namenlosen Natur in die Namhaftigkeit der Geschichte. Ein einziges Ereignis gibt dem Namen Sinai den dunklen Glanz, mit dem er durch die Jahrtausende leuchtet. Gott sprach zu Mose ...

Auf dem Sinai hat die Menschheit die Gebote empfangen, die zu erfüllen noch heute ihre ungelöste Aufgabe ist. Ein paar Jahre nach dem Ersten Weltkrieg bin ich als junger Mann durch den Suezkanal ins Rote Meer gefahren. Wir hatten Glück damals. Als der Sinai querab Backbord lag, war es sechs Uhr morgens. Ich stand auf der Brücke. Die Sonne ging auf. Aus den Morgennebeln enthüllte sich in der Ferne der mächtige, als Pyramide steil aufsteigende Gebirgsstock. Mit goldenen Rändern zeichnete die Sonne den von Schnee bedeckten Berg des Mose scharf in den östlichen Himmel hinein. Ich habe dieses Bild aus meinen jungen Tagen niemals vergessen.

Ein Menschenalter später stehe ich in Suez in der Morgendämmerung am Kanal. Wir warten auf die Überfahrt. Es beginnt hell zu werden. Hundert Meter weiter werden die Konturen eines Minaretts sichtbar. Die Dattelpalmenhaine der Oase Suez erstrecken sich bis in den Kanal.

Vier große Überseedampfer, hell erleuchtet, ziehen, gespenstisch geräuschlos, langsam, in großen Abständen an uns vorüber. Wo mögen sie hinfahren? Nach Colombo, Kalkutta, Soerabaya, Hongkong, Sidney? Mein Ziel ist das 13. Jahrhundert vor Christi Geburt.

Die Schiffe dürfen nicht mehr als vier Meilen Fahrt machen, damit nicht die Bugwelle die Sandufer des Kanals unterspült. Bei vier Meilen Fahrt in dem ruhigen Wasser vernimmt man von den mächtigen Schiffen nichts als das leise Rauschen der Schiffsschraube. Hie und da lehnt ein Matrose an der Reling. Der Schiffskoch eines Öltankers wischt sich mit seiner weißen Mütze den Schlaf aus dem Gesicht, gähnt einmal laut, spuckt in Richtung Afrika ins Wasser, dreht sich um und verschwindet in seiner Kombüse. Zuweilen hört man das Kommando eines Lotsen, vom Rudergänger wie ein Echo wiederholt.

Der Himmel fängt an sich zu röten. Wiederum geht die alltäglich ewige Großartigkeit eines Sonnenaufgangs in der Wüste über die Szene. In die tiefe Stille hinein ertönt, langsam einsetzend, allmählich anschwellend, die singende Stimme des Muezzin, der vom nahen Minarett die Gläubigen zum Gebet ruft: »Allah akbar! Allah akbar!« In ihrer klagenden Melodie gemahnt die Stimme an die Vergänglichkeit des Menschen inmitten der Schönheit der Natur.

Die Halbinsel Sinai liegt zwischen Afrika und Arabien. Der Golf von Suez trennt sie vom afrikanischen Festland. Die nördliche Spitze des Golfs ist durch den Suezkanal mit dem Mittelmeer verbunden. Der Golf von Akaba trennt die Halbinsel von Arabien. Sie ist ein Dreieck, dessen Spitze nach Süden ins Rote Meer hinein weist. Fast an dieser Spitze liegt der Berg Sinai. Eigentlich ist er ein Gebirgsstock mit drei Spitzen – dem Djebel Serbal, dem Djebel Mousa und dem Djebel Catharina. Die höchste der drei Erhebungen ist der Djebel Catharina mit 2600 Metern.

Hundert Kilometer südlich der Stelle, an der wir auf die Überfahrt auf den Kanal warten, liegt, in dem Wüstengebirge zwischen dem Nil und dem Golf von Suez, ein koptisches Kloster. Es wurde am Ende des 3. Jahrhunderts gegründet.

Die koptische Kirche führt ihre Geschichte bis auf den Apostel Markus zurück. Die Kopten sind die echten Nachkommen der Ägypter aus der Zeit der Pharaonen. Die koptische Sprache ist eine Tochter der ägyptischen Sprache ...

Wir setzen über den Kanal. Auf der anderen Seite ist die ägyptische Paß- und Zollkontrolle. Hier beginnt die Wüste, deren auch heute noch niemand Herr ist. Wir müssen angeben, an welchem Tag wir aus der Wüste zurück sein wollen. Wenn wir vierundzwanzig Stunden überfällig sind, wird man uns suchen. Gegenüber dem Zollhaus ist ein Detache-

ment des ägyptischen Kamelreiterkorps unterge-
bracht. Zwanzig der rassigen grauen Reitkamele
liegen im Sand. In ihrem wunderbaren, der Wüste
so angemessenen Hochmut würdigen sie unseren
Wagen keines Blickes. Wir müssen für die ganze
fünftägige Reise nicht nur Benzin und Verpflegung
mitnehmen, sondern auch das Wasser. Wenn wir
Pech haben und steckenbleiben, werden die Kamele
uns suchen.

Die Fahrt geht an der Küste des Roten Meeres entlang. Es ist eine recht gute Asphaltstraße. Sie endet
nach etwa sechzig Kilometern bei einem kleinen
Hafen. Er dient der Verladung des Manganerzes,
das heute auf der Halbinsel gewonnen wird. Zur
Zeit der Pharaonen war die geologische Kostbarkeit des Sinai der Türkis. Hinter dem Hafen wird
die Straße zur Wüstenpiste. Plötzlich, gänzlich un-
vermutet, biegt der Fahrer von dieser Piste nach
links ab, quer durch das Gelände auf das Gebirge
zu. Für die siebzig Kilometer von hier bis zum Kloster der heiligen Catharina, am Fuß des Djebel
Mousa, braucht das Auto neun Stunden. Der Fahrer ist ein Sudanese, ein prachtvoller und zuverläs-
siger Bursche. Über seine linke Backe ziehen sich
zwei unregelmäßige Narben, die Abzeichen seines
Stammes. Die Geschwindigkeit übersteigt selten die
Grenze von fünfzehn Stundenmeilen. Zuweilen gibt
der Sudanese Gas und geht auf achtzig oder neun-
zig, um über die Flugsandstrecken hinwegzuhu-

schen. Diese kleinen Becken von Flugsand sind wie Sümpfe, in denen man bei langsamer Fahrt hoffnungslos steckenbleibt.

Im Wagen sitzt noch ein dänisches Fräulein, das der Manager der Reise mir als Hostess mitgegeben hat. Von ihr erfahre ich endlich etwas Authentisches über die Schlittenhunde der Eskimos. Sie war zwei Jahre als Krankenschwester in Grönland. Der vierte im Wagen ist ein Novize des Klosters, ein junger Grieche, den mitzunehmen mich der Erzbischof hatte bitten lassen. Er ist ein netter junger Mann, freundlich, von angenehmer Höflichkeit und Bescheidenheit. Seine Eltern sind im griechischen Bürgerkrieg umgebracht worden. Was alles mag der junge Mann schon erlebt haben, daß er zu dem Entschluß gekommen ist, in ein Kloster in der Wüste zu gehen! Freilich, nachdem er schon Abschied von der Welt genommen hat, um sein Leben in der Wüste zu verbringen, setzt ihn der Satan noch einmal für zwei Tage neben ein hübsches Mädchen, das ihn auf der ganzen Fahrt in der reizendsten Weise verwöhnt ...

Das Kloster, zu dem wir fahren, liegt am Fuß des Djebel Mousa, an der Stelle, an der Mose den Dornbusch brennen sah. Der Djebel Mousa, der Berg Moses, ist der Horeb. Schon im 3. Jahrhundert haben christliche Eremiten in dieser Wüste gehaust. Der erste dieser Eremiten, den wir mit Namen kennen, ist der heilige Onophrios. Die Kaiserin Helena, die so viele Kirchen in Jerusalem gestiftet hat, hat auch am Horeb eine Kirche gebaut. Dazu ließ sie einen Wachtturm errichten, in dem die Eremiten Zuflucht vor den Beduinen, ihren Feinden, nehmen konnten.

Die heilige Catharina, nach der das Kloster heute benannt ist, war eine Christin aus Alexandria. Sie erlitt unter dem römischen Kaiser Maximinus im Anfang des 4. Jahrhunderts den Märtyrertod. Nach der Überlieferung wurden ihre sterblichen Überreste von Engeln auf den Berg Sinai gebracht, wo sie etwa fünfhundert Jahre später entdeckt wurden. Reliquien der Heiligen werden noch heute in kostbaren byzantinischen Schreinen im Kloster aufbewahrt.

Wir fahren durch ausgetrocknete Flußtäler tiefer und tiefer ins Gebirge hinein. Das Kloster liegt 1 200 Meter über dem Meeresspiegel. Die Kühle des Morgens ist verflogen. Es wird heiß. Die Landschaft ist von einer wilden Großartigkeit. Hier läßt nur hin und wieder einmal ein Mensch oder ein Kamel eine schnell verwehende Spur im Sand zurück. Hier ist die Natur mit sich allein. Man hat das Gefühl, daß die Natur, wenn sie mit sich allein ist, mit ihren Möglichkeiten spielt. Die geologischen Formationen wechseln schnell. Einmal sind es gezackte, zerrissene Felsabstürze, unter denen wir entlangfahren. Dann wieder kommen steile Kuppen, über die meilenlang schwarze Streifen entlangziehen, die wie Mauern aussehen – in das Gestein eingesprengte

Schichten von Asphalt. Allmählich werden die Täler enger. Zuweilen fahren wir auf eine hohe Felswand zu, in der erst im letzten Augenblick ein kleiner Durchgang sich öffnet. Einmal taucht am Ende eines Tales eine Reihe von zwanzig unförmigen, vielleicht fünfzig Meter hohen Säulen auf, die aussehen wie die Ruine eines von Kyklopen gebauten Heiligtums. Sie sind im Lauf von einer halben Million Jahren vom Regen ausgewaschen worden. Gewaltige Felsbrocken liegen, wie vergessenes Riesenspielzeug, in den Tälern umher. Zuweilen fahren wir über große Felsplatten, die der Sand blank und glatt geschliffen hat. Die fast vegetationslose Landschaft ist in lebhafte Farben getaucht. Weißer Kalk, grauer Granit, schwarzer Asphalt, grüner Porphyr wechseln miteinander ab. Über allem wölbt sich der wolkenlose Himmel, von dem die Sonne herabkommt. Stunde um Stunde geht es durch immer wechselnde Täler aufwärts. Durch diese Landschaft hat Mose die Kinder Israel zum Berge Horeb geführt.

Das Wüstengebirge ist nicht ganz ohne Leben. Hier und dort stehen ein paar Dornbüsche, gelegentlich auch einmal ein halb vertrockneter Baum. Von einem Felsblock blickt ein einsames Kamel zu uns herüber. Bei einem kleinen Halt, um den der Fahrer bittet, sehe ich zum Himmel auf. Gegen die Sonne blitzt ein Schneegestöber von hunderttausend Lichtern, die Flügel der Heuschrecken eines Schwarms, der soeben einfällt. Viele Meilen lang fahren wir über die Leiber ungezählter und unzählbarer Heuschrecken hinweg. Der Schwarm kommt, wie der Sudanese mir sagt, aus Südarabien. Er ist hier eingefallen, fern von menschlichen Siedlungen, fern von jeder Nahrung. Hier werden die Tiere verhungern. Millionen von Lebewesen aus dem unermeßlichen Reichtum der Natur, die sie in unermeßlicher Gleichgültigkeit zugrunde gehen läßt.

Gegen Mittag sehen wir auf einem nahen Hügel einen einsamen Beduinen stehen. Die Wüste in all ihrer unerbittlichen Unnahbarkeit ist dennoch eine humane Landschaft. Wenn man nach vielen Meilen und vielen Stunden in dieser unerhörten Verlassenheit auf einen Menschen trifft, ist es unmöglich, an ihm vorüberzufahren. Wir halten. Der Beduine kommt langsamen Schrittes auf uns zu. Wir begrüßen uns herzlich. Er ist ein junger Mann, aufgewachsen in der Wüste, braungebrannt, mit scharfem Profil, ein Bild der Anmut, der Armut und der Freiheit. Er lacht uns mit prachtvollen weißen Zähnen an. Er bittet um etwas Wasser. Nie habe ich das Wasser so als eine Gabe des Himmels empfunden wie hier, da ich den Beduinen mit langsamen, kleinen Schlucken trinken sehe. Nach einer Weile kommen seine Weiber, tief verschleiert, und ein halbes Dutzend Kinder. Sie alle wollen ihren Durst stillen. Diese Kinder, die kaum mehr als ein zerrissenes Hemd anhaben, sind schlechthin bezaubernd. In ihren glänzenden schwarzen Augen mischen sich auf die heiterste

Weise Verlegenheit und Neugier. Zwei Mädchen von vielleicht zehn Jahren strahlen uns an mit jener Genialität kindlicher Koketterie, die Frauen später niemals wieder erreichen. Die Eskimodame aus Grönland ist so entzückt, daß sie unsere ganze Schokolade unter die kleinen Wüstenengel verteilt.

Nach weiteren zwanzig Meilen machen wir erneut einen Halt. Wir stehen am Fuß eines Felsens, dessen schräge Platte viele Meter hoch mit zahlreichen merkwürdigen Zeichen bedeckt ist.

In dieser verlassenen Wüste hat eines der großen unbekannten Genies der menschlichen Geschichte mit diesen in den Felsen gemeißelten Zeichen ein ungewöhnliches Denkmal hinterlassen. Es sind Inschriften. Sie wurden im Jahre 1904 von Flinders Petrie entdeckt. Der Platz hat den Namen Serabit el-Khadem.

Diese Inschriften sind die ersten bekannten Versuche einer rein alphabetischen Schrift. Sie werden als protosinaitisch bezeichnet, zum Unterschied von Inschriften im Sinai, die aus einer späteren Zeit stammen. Diese Alphabetinschriften sind aus Hieroglyphen entstanden. Ihr Verfasser ist ein Phönizier, der in den Türkisminen der Pharaonen auf dem Sinai gearbeitet hat. Dieses Felsenalphabet ist Grundlage und Ausgang aller Literatur und Wissenschaft, die auf der Welt je in Buchstabenschrift geschrieben worden ist.

Die Sprache, in der die Inschriften abgefaßt sind, ist

ein sehr altes Semitisch. Die Inschriften lassen sich genau datieren. Sie stammen aus der Zeit der 12. ägyptischen Dynastie. Sie sind viertausend Jahre alt. Die 12. Dynastie wurde gegründet von Pharao Amenemhet I. Sie hat zweihundert Jahre geherrscht. Ihre Regenten eroberten Nubien bis zum zweiten Katarakt des Nil. Sie legten Türkisminen im Sinai an. Sie bauten einen Kanal vom Nil zum Roten Meer. Das war im 20. Jahrhundert vor Christi Geburt, zur Zeit des Erzvaters Abraham. Als Mose hier vorbeizog, waren die Inschriften mehr als ein halbes Jahrtausend alt.

Am Nachmittag um fünf Uhr beginnt es dunkel zu werden. Wir haben den 7. Dezember. Wir biegen aus einer breiten Mulde in ein neues Felsental ein. Nach zehn Minuten hält der Wagen auf der breiten Rampe am Fuß der Mauer des Klosters der heiligen Catharina. Die Mauer, aus Granitblöcken erbaut, ist zwischen zwölf und fünfzehn Metern hoch. Das Kloster ist ein großes Rechteck, vollständig von der Mauer eingeschlossen. Noch bis zur Mitte des vorigen Jahrhunderts hatte die Mauer kein Tor. Die Besucher wurden in einem Korb auf die Mauer hinaufgehißt. Nur wenn Seine Herrlichkeit der Erzbischof das Kloster besuchte, wurde eine Pforte in die Mauer gebrochen. Nach seinem Einzug wurde sie sofort wieder zugemauert. Heute stehen die Beduinen der Gegend im Dienst der Mönche.

In jedem griechisch-orthodoxen Kloster gibt es

einen Gastpfleger, einen Mönch, der für die Fremd-
linge sorgt. Hier ist es ein Vater Damian, ein besonders liebenswürdiger und freundlicher Mann. Im
Kloster gibt es köstlich frisches Wasser aus einer Ge-
birgsquelle. Für Verpflegung muß man selbst sor-
gen. Die Gastzimmer liegen in einer Galerie, die sich
nach dem Innern des Klosters öffnet. Die Galerie gewährt einen Blick auf zahlreiche Höfe und Gebäude,
die durch Treppen und vielfach verschlungene
Gänge miteinander verbunden sind. Jahrhunderte
haben hier gebaut.

In der Mauer läuft ein wohlerhaltener Wehrgang mit
Schießscharten um das ganze Kloster herum. Alles
ist von außerordentlicher Sauberkeit. Nur einige der
Gebäude beginnen zu zerfallen. Die Zahl der Mönche ist nicht mehr groß. Die grobe Arbeit, früher von
Novizen und Laienbrüdern verrichtet, wird heute
von Beduinen getan. Das Kloster ist arm. Seine Be-
sitzungen in Rumänien hat es zwar verloren, aber
die Liegenschaften in der Türkei sind den Mönchen
erhalten geblieben.

In der Mitte des Klosterbezirks, fast wie in einem
Trichter, ganz in der Tiefe, halb schon im Boden versunken, steht eine von außen ziemlich unscheinbare
Kirche aus grauem Granit. Es ist die Kirche, die Kaiser Justinian in den Jahren 561 bis 565 hier errichten ließ. Sie ist seitdem unversehrt erhalten geblieben. Nur der Dachstuhl wurde einmal erneuert.

Von der Zinne der Mauer werfe ich noch einen Blick

auf die letzte Röte des Sonnenuntergangs. Die Berghänge stürzen steil von beiden Seiten auf das Kloster herab. Sie sind kahler, zerklüfteter Felsen. Nur hie und da steht im Tal ein Dornbusch oder eine Tamariske. Der südliche Berghang gehört schon zum Horeb, dem Berg des Gesetzes. Groß und leuchtend geht der Mond über der einsamen Szene auf. Er übergießt die unwahrscheinliche Verlassenheit mit einer Flut von Silber.

Als Gäste des Klosters sind außer uns noch fünf entzückende alte Weiblein da. Es sind griechische Pilgerinnen aus Kairo, die die Mühe der Reise nicht gescheut haben. Sie alle haben den schönen Namen Catharina. Es ist der Vorabend des Festes ihrer Heiligen, das am nächsten Tage in einer feierlichen Messe begangen werden soll.

Wir sitzen in einer Küche mit einem riesigen rußigen Kamin, auf dessen Holzfeuer die Beduinen Mokka bereiten. Wir, das sind die Eskimoschwester, der Sudanese mit den heidnischen Narben auf der Backe, Mousa, der islamische Sheik der Beduinen dieser Gegend, Vater Damian, unser freundlicher Gastpfleger, den wir durch eine neue griechische Zeitung erfreut haben, die fünf reizenden, huckligen, eifrig miteinander plappernden schwarzen Catharinen, ein englischer Captain von den Grenadier Guards, der 1945 Hamburg erobert hat, ein Leutnant von den Goldstream Guards, der wie Lord Byron aussieht, und, wie man sowohl auf sächsisch als auch auf arabisch sagen darf, meine Wenigkeit. Ein Kaffeepalaver in einer solchen Gesellschaft, in fünf oder sechs verschiedenen Sprachen, gehört zu den erlesenstens Vergnügungen, die das Leben zu bieten hat. Die Nacht war kalt. In dieser Höhe und Jahreszeit bringt sie einige Grade Frost. Am Morgen standen wir um fünf Uhr auf und stiegen in die Kirche hinab. Der Gottesdienst hatte schon um Mitternacht begonnen.

Unter dem Gesang der Mönche betreten wir das Heiligtum. Der Augenblick ist feierlich und überraschend zugleich. Inmitten dieser kahlen Berglandschaft, an diesem äußersten Platz der Welt, rings umgeben von der einsamen Wüste, ist der Anblick des Inneren der Kirche von reiner Schönheit und großer Pracht.

Die Kirche ist eine Basilika mit zwei Reihen von Säulen. Goldene und silberne Ampeln hängen von der Decke herab. Die Decke ist eine flache Holzdecke mit einem Himmel goldener Sterne. Der Ikonostas, die Bildwand, die in den griechisch-orthodoxen Kirchen den Altar vom Kirchenschiff trennt, ist aus dem 16. Jahrhundert. Sie ist mit Heiligenbildern bemalt. Nichts in dieser Kirche ist neueren Datums als 1800.

Die Kuppel der Apsis, die man über dem Ikonostas sieht, ist mit einem Mosaik aus der Zeit des Kaisers Justinian geschmückt. Es stellt den Christus Pantokrator, Christus den Allherrscher, dar. Er hat ein

strenges Gesicht von furchterregender Majestät.
Vier Propheten umgeben ihn. Darunter schweben
zwei Engel. Sie erinnern an Michelangelos Engel in
der Sixtinischen Kapelle. In der trockenen Wü-
stenluft hat das Mosaik seine leuchtenden Farben
behalten. Die Wand unter dem Mosaik ist mit Marmorplatten verkleidet, ein Geschenk Kaiser Justi-
nians an das Kloster. Sie stammen aus dem Tempel
der Artemis von Ephesos. Zur Zeit der Erbauung
des Klosters waren sie schon über tausend Jahre in
religiösem Gebrauch. Um die Wand der ganzen Kirche zieht sich ein handbreites silbergesticktes Band,
an dem eine Anzahl kostbarer alter Ikonen aufgehängt sind.

Der herbe Duft des Weihrauchs erfüllt den Raum.
Die Väter, würdige Greise mit weißen Bärten, stehen
in den Chorstühlen. Sie sind, zum Fest der heiligen
Catharina, mit goldbestickten Gewändern angetan.
Ein Stück aus der Bibel wird von der Kanzel verle-
sen. Über hundert Kerzen brennen. Sie hüllen den
Raum in warmes Licht. Leise bricht, durch die Fenster unter dem Dach, das Tageslicht in den Raum.
Der Vorsänger, Dikon Eleias, ist ein jüngerer
Mönch. Sein Bart ist noch dunkel. Sein Gesicht, mit
den großen braunen Augen, ist bleich. Sein Aus-
druck ist von tiefem Ernst. Er hat eine unerhört
wohlklingende, an Schaljapin erinnernde Stimme.
Zuweilen gedämpft, zuweilen ruhig und kräftig
durch den Raum hallend, zuweilen ekstatisch sich

erhebend, verbindet sich die Stimme des Dikon Eleias mit den Stimmen der anderen Mönche zum Lobgesang Gottes.

Der Gottesdienst dauert viele Stunden. Anschließend werden die Reliquienschreine in feierlicher Prozession um die Kirche getragen. Die Schreine sind alte, mit Juwelen und Email verzierte Goldarbeiten. In jeder der vier Richtungen der Windrose wird noch einmal ein kurzer Gesang angestimmt. Die Sonne ist unterdessen am Himmel hochgestiegen. Sie scheint in die tiefen, steingrauen Gänge, durch die die Patres gemessen dahinschreiten. In den Strahlen der Sonne blitzen das Gold der Gewänder und die Edelsteine der Reliquienkästen.

Über die Mauerbrüstungen herabschauend, betrachten die Beduinen schweigend das altehrwürdige, feierliche Bild.

Wie fern ist diese Frömmigkeit den Händeln dieser Welt! Seit dem Jahre 565 nach Christi Geburt ist kein Tag vergangen, an welchem nicht das Lob Gottes gesungen wurde in einem Ritus, der sich seit den Tagen des Kaisers Justinian kaum verändert hat, in dieser Kirche, die als frühe Stätte der Christenheit am Fuß des Berges errichtet wurde, von welchem vor dreitausend Jahren Gott den Menschen das Gesetz gegeben hat.

Am Morgen des nächsten Tages machen wir uns auf, den Djebel Mousa, den Berg Horeb, zu besteigen. Im Morgengrauen brechen wir auf. Vater Damian begleitet uns. Es geht zunächst etwa zwei Stunden einen gewundenen, nicht allzu steil ansteigenden Pfad hinauf. Das Kloster liegt auf 1200 Meter Höhe. Der Berg ist 2300 Meter hoch. Der Blick über die bergige Landschaft weitet sich. Durch die Täler laufen Kamelpfade. Einmal sehen wir unten in der Tiefe einen einsamen Beduinen, der seines Weges dahinzieht von einem Platz der Verlassenheit zum anderen. Die Sonne steigt. Es wird wärmer.

Als Mose mit den Kindern Israel durch diese Wüste zog, um am Berge Horeb ein Opfer darzubringen, führten die Juden mit sich das uralte Erbe ihres Glaubens an den einen Gott. Den schrecklichsten Abfall seines Volkes vom Glauben der Väter hat Mose erlebt. Als er mit den Gesetzestafeln, die von Gottes Hand geschrieben waren, den Berg herunterkam, denselben Berg, den zu ersteigen wir im Begriff sind, tanzten die Juden in einer wilden Orgie um den Goldenen Stier. Der gewaltige Mann zerschmetterte in seinem Zorn die Gesetzestafeln auf dem Felsen zu unseren Füßen. Das Israel, das er aus Ägypten geführt hatte, war ein Volk von Sklaven.

Es mußte erst vierzig Jahre durch die Wüste ziehen, bis von den Sklaven des Pharao keiner mehr am Leben war, bis das ganze Volk aus freien Beduinen bestand, tapferen Söhnen der Wüste, die fähig waren, die Aufgaben zu bewältigen, die Gott dem Volk Israel auferlegte. Josua und Kaleb sind die einzigen, die, noch in Ägypten geboren, den Jordan überschritten haben. Aaron mußte sterben und selbst Mose durfte das Gelobte Land nur von weitem erblicken, das von ehrfurchtgebietender Tragik umwitterte Ende eines außerordentlichen Mannes.

Der Pfad läuft eine Meile entlang einer achtzig Meter hohen, senkrechten Wand und verschwindet dann zwischen den Felsen. Von dieser Stelle aus geht ein Pfad, aus mächtigen steinernen Stufen bestehend, noch etwa fünfhundert Meter zur Spitze des Berges hinauf. Er führt, den Felsspalten folgend, steil nach oben, wie es schon die frühen Ikonen darstellen.

Es ist eine mühsame Kletterei. Zuweilen führt die Stufentreppe über einen Grat. Steil stürzen die Hänge nach beiden Seiten in die Tiefe. Bei jedem Halt wirkt die Landschaft gewaltiger. Nirgends weit und breit eine menschliche Behausung.

Endlich erreichen wir die Kuppe des Berges, eine flache Felsplatte von zwanzig mal dreißig Metern Fläche. Da man die Hänge der Pyramide, deren Spitze die Felsplatte ist, nicht sehen kann, hat man das Gefühl, auf eine unwahrscheinliche Weise zwischen

Himmel und Erde zu schweben. Auf dieser Felsplatte hat Mose in der Wolke geweilt.

An dieser Stelle bildet eine Felsenhöhle eine natür-
liche Zisterne. Sie enthält klares, eiskaltes Wasser.
Diese Zisterne, vom Schnee und Regen des Winters
gefüllt, hat es Mose möglich gemacht, vierzig Tage
und Nächte hier zu bestehen, hier, wo das Unerhörte
sich ereignet hat, das Gespräch eines Menschen mit
Gott.

Ich habe vieles auf Erden gesehen. Ich kenne nichts,
was so einsam, so erhaben, so großartig ist wie der
Blick vom Gipfel des Berges Horeb auf die Welt
hinab. Im Süden liegt rechter Hand der Djebel Catharina in einer Entfernung von zehn Meilen. Auf
dieser Seite liegt der Golf von Suez. Dahinter erscheint in dunkelblauem Glast ein Hochgebirgszug,
der bis Abessinien reicht. Gerade voraus sind ein
paar Inseln an der Spitze der Halbinsel Sinai ins Rote
Meer gestreut. Linker Hand der Golf von Akaba,
dahinter in einem helleren Blau das Hedshasgebirge,
das Randgebirge Arabiens, hinter dem die arabische
Wüste und die heiligen Städte Mekka und Medina
liegen. Weiße Wolkenschiffe ziehen langsam über
den Himmel dahin. Das Meer erglänzt in der Sonne.
So hat die Erde am fünften Tag der Schöpfung ausgesehen. Keine Stätte könnte ein würdigerer Schauplatz des Ereignisses gewesen sein, das sich auf
dieser Felsplatte zwischen Himmel und Erde vor
dreitausend Jahren abgespielt hat.

Bedenkt man, daß die Gesetzgebung auf dem Sinai ein Ereignis ist, daß zwischen der Schöpfung und der Vollendung ihres Sinnes mitteninne steht, so sind, selbst für uns Menschen, deren Leben dahinschwindet, als flögen wir davon, diese dreitausend Jahre nur eine kleine Weile.

INHALT

Syrische Horizonte 5

Im Schatten des Libanon 18

Damaskus 25

Ur in Sumer 37

An den Wassern von Babylon 58

Der Weg nach Jerusalem 77

Die heiligen Stätten 88

Ein Kloster in der Wüste 109

Der Berg des Gesetzes 124